Martin Luther

Vi er alle præster
men ikke sognepræster

Om forkyndertjenesten

Martin Luther

Vi er alle præster
men ikke sognepræster

Om forkyndertjenesten

Oversat og tilrettelagt
Finn B. Andersen

Oversat og tilrettelagt: Finn B. Andersen
Forlag: Books on Demand GmbH, København, Danmark
Tryk: Books on Demand GmbH, Norderstedt, Tyskland
ISBN 978-87-430-0228-4

Indholdsfortegnelse

Om forkyndertjenesten

Indledning

Følgende skrift fra Luthers hånd fremkom i 1523 som svar på en henvendelse fra menigheden i den tyske by Leisnig. Byen var allerede tidligt blevet påvirket af reformationen og havde for egne midler ansat en evangelisk præst ved byens kirke, skønt det nærliggende Cistercienserkloster fra gammel tid egentlig havde retten til at besætte præsteembedet.

Luthers svarskrift falder i to dele. Først viser han ud fra Skriften, at det er den enkelte kristne og menigheden, der har ansvaret for at bedømme forkyndelsen. Dernæst påviser han, at dette også indebærer ret til at indsætte og afsætte forkyndere i menigheden. Disse rettigheder havde det katolske kirkestyre frataget menigheden og overført til sig selv. I direkte modstrid med Skriften og Kristi klare ord.

Med udgangspunkt i de troendes almindelige præstedømme påviser Luther nu ud fra Bibelen, at enhver kristen ved dåb og tro er en født ordets tjener og er indviet af Gud til præst. Konkret skal det give sig udslag i hverdagen, hvor hver enkelt kristen står som formidler af Guds kærlighed i ord og handling over for familie, naboer og dem, man omgås til dagligt. Og hvis en kristen befinder sig et sted, hvor der ikke er andre kristne, kan han også træde offentligt frem med evangeliet. Blandt andre kristne må han derimod først kaldes af de andre - netop fordi alle har samme ret. Menigheden beholder dog stadig ansvaret for bedømmelsen af forkyndelsen og kan i ekstreme tilfælde afsætte præsten igen.

Flere gange i skriftet møder man vendingen, at evangeliet skal "læres" og dem, der står for det kaldes "lærere". Denne sprogbrug er et udtryk for, at evangeliet altid har et ganske bestemt indhold. Ifølge Luther har det to vigtige kendetegn. Det første er *omkostningerne*, at

Guds frelsesindgreb kostede Jesus livet. Det andet er den *personlige adressat*, at alt dette skete "for mig". Det er alene en forkyndelse med disse kendetegn, der kan kaldes evangelium i egentlig forstand.

Sidst i skriftet fremhæves forkyndelsen i forhold til dåb og nadver. Det skyldes ikke en ringeagt for sakramenterne, men understreger, at de sakramentale handlinger ikke kan stå alene. Den tro, som evangeliet vækker i barnet ved dåben, må fortsat næres for ikke atter at dø ud. Forkyndelsen må forklare og minde os om sakramenternes betydning, så de ikke blot bliver en fornem, men tom underskrift i et brev uden indhold.

Overskriften "Om menighedens læretugt og præstevalg" er ikke den oprindelige titel, som er den noget længere, der følger umiddelbart efter. Senere samme år tog Luther emnet op igen i det mere omfattende skrift til bøhmerne om indsættelse af tjenere i kirken, som er det næste skrift her i bogen.

Tekst: WA 11, 408-16

Menighedens læreansvar

At en kristen forsamling eller menighed har lov og ret til at bedømme al lære og til at kalde, indsætte og afsætte lærere. Med begrundelse og dokumentation fra Skriften. 1523

Evangeliet er kirkens grundkendetegn

For det første er det nødvendig at vide, hvor og hvem den kristne menighed er, så der ikke under dække af kristennavnet blot udføres menneskeværk, som de ikke-kristne plejer. Derfor skal man med sikkerhed kende den kristne menighed på, *om evangeliet forkyndes rent.* For ligesom man kender en hærfører og hans hær på fanen, således kender man også Kristus og hans hær på evangeliet. Det har vi Guds løfter for i Esajas 55, 11: "Mit ord, som udgår af min mund, vender ikke virkningsløst tilbage, men gør min vilje og udfører mit ærinde". Derfor véd vi med sikkerhed, at hvor evangeliet forkyndes, er det umuligt, at der ingen kristne skulle være, hvor få, syndige og svage de end er. Ligesom det er *umuligt, at der skulle findes kristne og ikke lutter hedninger, hvor evangeliet ikke er*, men menneskelære råder, hvor mange de så er og hvor helligt og smukt de lever.

Den uimodsigelige konklusion bliver derfor, at de nuværende katolske biskopper, broderskaber, klostre og hvem de end er langt fra er kristne eller en kristen menighed, skønt de har reserveret disse navne for dem selv. Den, der har lært evangeliet at kende, erfarer og indser, hvordan de stadig pukker på deres menneskelige traditioner og helt har fordrevet evangeliet og fortsætter dermed. Hvad de bedriver og lærer, må anses for et hedensk og verdsligt foretagende.

Guds ord står over menneskelige traditioner

For det andet skal man slet ikke tage hensyn til menneskelige love, ret, brug, sædvane osv., når det drejer sig om at bedømme læren eller at indsætte eller afsætte lærere og sjælesørgere i kirken. Ligegyldig om så pave, biskop, fyrste og den halve eller hele verden har ment sådan i tusind år. For menneskets sjæl er evig, ophøjet over alt timeligt. Derfor må den kun regeres og styres med evige ord. Det er aldeles skammeligt at regere samvittighederne over for Gud med menneskeret og gammel sædvane. Her skal man følge Skriften og Guds ord. Det slår aldrig fejl, at *Guds ord og menneskelære kommer i konflikt, når det drejer sig om at regere sjælen.* Det fremgår klart af den foreliggende sag.

Traditionen og menneskelære har nemlig forordnet og vedtaget, at man alene bør overlade det til biskopperne, de lærde og kirkerådene at bedømme læren. Hvad de beslutter, har hele verden bare at anse for ret og nye trosartikler. Det fremgår tilstrækkeligt af deres stadige henvisning til pavens fuldmagt i åndelige spørgsmål. Man hører næsten ikke om andet end at det er dem, der har magt og ret til at afgøre, hvad der er kristendom eller kætteri. Den menige kristne må pænt afvente deres dom og rette sig efter den. Se, hvor uforskammet og tåbeligt denne selvros, som de holder hele verden i skak med og som er deres grundvold og værn, strider mod Guds ord og bud.

Menigheden har ansvaret for læren

Kristus gør nemlig det lige modsatte. Han fratager biskopperne, de lærde og kirkerådene både ret og magt til at bedømme læren og *giver den i stedet til enhver og alle kristne i fællesskab.* I Joh 10 siger han: "Mine får hører min røst" (v. 27). Ligeledes: "En fremmed vil de aldrig følge; de vil tværtimod flygte fra ham, fordi de ikke kender den fremmedes røst" (v. 5). Og: "Alle de, der er kommet er tyve og røvere, men fårene hørte ikke på dem" (v. 8).

Her ser man tydeligt, hvem der har ret til at bedømme læren. Biskopper, paver, lærde og enhver har ret til at lære, men fårene skal bedømme, om det er Kristi stemme, de hører eller en fremmed. Kære, hvad kan de indvende mod dette disse oppustede balloner, der bare skråler: kirkeråd, kirkeråd; man må virkelig hører på de lærde, biskopperne og flertallet; man må tage hensyn til gammel skik og brug. Mener du virkelig, at jeg bør lade Guds ord vige for gammel skik og brug? Aldrig! Derfor lader vi biskopper og kirkeråd udtale, hvad de vil, men

4

hvor vi har Guds ord for os, er det op til os, og ikke til dem, at afgøre, hvad der er rigtigt og forkert. Da må de bøje sig for os og adlyde vores ord.

Man ser her helt klart, hvilken tillid man bør have til folk, der ønsker at regere sjælene med menneskeord. Hvem ser ikke, hvordan alle biskopper, broderskaber, klostre og universiteter med hvad dertil hører kommer i konflikt med Kristi klare ord, når de *skammeligt fratager fårene bedømmelsen af læren og beholder den selv* via egne vedtagelser og åbenlys frækhed. Derfor skal de også anses for mordere og røvere, ulve og frafaldne kristne. Det er helt tydeligt, at de ikke alene fornægter Guds ord, men endog bekæmper det og optræder, som det passer sig for Antikrist og hans folk, ifølge profetien hos Paulus i 2 Thess 2, 3-4.

I Matt 7, 15 advarer Kristus ligeledes: "Tag jer i agt for de falske profeter, der kommer til jer i fåreklæder, men indeni er glubske ulve". *Se, her overlader Kristus ikke bedømmelsen til profeterne og lærerne, men til eleverne og fårene.* For hvordan skulle man ellers kunne tage sig i agt for de falske profeter, hvis ikke man må prøve, vurdere og bedømme deres lære?

Det tredje skriftsted er hos Paulus i 1 Thess 5, 21: "Prøv alt, hold fast ved det gode". Paulus vil ikke have nogen læresætning eller trosartikel indført, før den er bedømt og godkendt af menigheden, som hører det. Bedømmelsen er ikke lærernes sag, men de må først forkynde det, der skal bedømmes. Altså fratages også her retten til bedømmelsen fra lærerne og gives til tilhørerne. *Tingene foregår nemlig helt anderledes blandt de kristne end i verden.* I verden byder herskerne, hvad de vil og undersåtterne adlyder. Men således skal det ikke være blandt jer, siger Kristus. Her er den ene den andens dommer og samtidig underordnet den anden. Selvom de kirkelige magthavere har omskabt kirken til en verdslig magt.

Det fjerde skriftsted er atter fra Kristus i Matt 24, 4: "Se til, at ingen fører jer vild! For der skal komme mange i mit navn og sige: Jeg er Kristus! Og de skal føre mange vild." Det er kort sagt ikke nødvendigt at citere flere skriftsteder. Paulus advarer gang på gang i Rom 16, 1 Kor 10, Gal 3, Kol 2 og mange andre steder. Ligeledes advarer profeterne mod menneskelære. De gør intet andet end at fratage lærerne al magt og ret til at bedømme læren og pålægger det i stedet tilhørerne under trussel om fortabelse. De har ikke alene ret og magt til at bedømme alt, hvad der forkyndes, men er skyldige til det, hvis ikke de vil falde i unåde hos den guddommelige majestæt. Heraf kan man se, hvor ukristeligt magthaverne har handlet, når de har fratage os den ret og befaling, og selv tilraner sig den. Det var grund nok til at man jog dem ud af kirken og drev dem bort som ulve, røvere og mordere, der hersker over os og lærer i strid med Guds ord og vilje.

Vi konkluderer altså, at hvor der findes en kristen menighed, der har evangeliet, har de ikke alene magt og ret, men er pligtige til at undgå, flygte fra, afsætte og trække sig tilbage fra det nuværende katolske kirkestyre med dets biskopper, klostre og lignende, der åbenlyst lærer og regerer i modstrid med Gud og hans ord. Det skal de gøre med tanke på deres sjæls frelse og det løfte, de gav Kristus i dåben. Da der altså foreligger stærke og klare grunde for, at der her er tale om guddommelig ret, der angår vor frelse, så skal man *afskaffe* sådanne biskopper, munke og broderskaber med al deres kirkestyre *eller helt undgå det.*

Menighedens ret til at vælge præst

Da den kristne menighed imidlertid hverken skal eller kan være uden Guds ord, følger det klart af det foregående, at de må have lærere og prædikanter, der forkynder ordet. De nuværende biskopper med deres falske kirkestyre i denne forbandede tid er ikke og vil ikke være sådanne lærere. De vil hverken selv indsætte sådanne lærere eller tolerere dem. Og da man ikke skal friste Gud ved at forvente nye prædikanter direkte fra Himlen, må vi *følge Skriften og blandt os selv kalde og indsætte dem, vi finder egnede og som Gud har oplyst med forstand og udrustet med nådegaver.*

For det kan ingen nægte, at *enhver kristen* har Guds ord og er oplært og *salvet af Gud til præst.* Som Kristus siger i Joh 6, 45: "Alle skal være oplært af Gud". Og Salme 45, 8: "Gud har salvet dig med glædens olie frem for dine lige". Disse hans lige er de kristne, Kristi brødre, der er indviet sammen med ham til præster. Som også Peter siger i 1 Pet 2, 9: "I er et kongeligt præsteskab, for at I skal forkynde hans guddomsmagt, som kaldte jer til sit underfulde lys".

Alle kristne er hverdagspræster

Når det nu er sådan, at de har Guds ord og er salvet af ham, så har de også *pligt til at bekende, lære og udbrede* det som Paulus siger i 2 Kor 4, 13: "Da vi har den troens ånd, der står skrevet om: 'jeg troede, derfor talte jeg', så tror vi, og derfor taler vi". Og Salme 51, 15 udtaler på alle kristnes vegne: "Jeg vil lære lovbrydere dine veje, så syndere kan vende om til dig". Her understreges det atter, at en kristen ikke alene har ret og magt til at lære Guds ord, men har pligt til det for at undgå fortabelsen og Guds vrede.

Du indvender måske: Ja men, hvad nu hvis man ikke er kaldet? Så må man jo ikke prædike, som du selv ofte har lært. Svar: Du skal forestille dig en kristen i *to forskellige situationer.* Når han befinder sig på et sted, *hvor der ingen andre kristne er,* har han ikke behov for andet kald end at han er en kristen med et indre kald og er salvet af Gud. Derfor har han pligt til at prædike for de vildfarne hedninger og ikke-kristne og at forkynde evangeliet på grund af medmenneskelig kærlighed, selvom ingen kalder ham dertil. Således gjorde Stefanus i ApG 6, selvom apostlene ikke havde pålagt ham at prædike. Alligevel prædikede han og gjorde store tegn blandt folk. Det samme gjorde diakonen Filip, Stefanus' kollega, i ApG 8, selvom heller ikke han havde noget prædikeembede. Og Apollos i ApG 18. I sådanne tilfælde handler en kristen ud fra almindelig menneskelig kærlighed på grund af omsorg for de arme, fortabte sjæle uden at vente på befaling eller brev fra fyrste og biskop. Kærligheden er skyldig at hjælpe, hvor der ikke er andre, der kan eller skal.

Men alle kristne er ikke sognepræster

Hvor man derimod er på et sted, *hvor der er andre kristne*, der har samme magt og ret som en selv, skal man ikke selv trænge sig frem, men lade sig kalde og trække frem, for at prædike på de andres vegne og befaling. Ja, en kristen har så stor magt, at han selv midt blandt andre kristne kan og skal stå frem og lære ukaldet af mennesker, hvor han ser, at lærerne selv fejler. Dog skal det gå sømmeligt og ordentligt til. Det har Paulus klart befalet i 1 Kor 14, 30: "Får en anden, som sidder der, en åbenbaring, skal den første tie stille". Se, hvad Paulus gør her. Midt blandt kristne befaler han den, der er lærer, at tie stille og træde tilbage og den, der hører, at træde frem endda ukaldet, alene fordi nøden bryder alle love.

Således befaler også Paulus her enhver *i nødsfald,* selv midt blandt kristne, at træde frem ukaldet og kalder ham gennem dette skriftsted. Ligeledes byder han den anden at træde tilbage og afsætter vedkommende i kraft af disse ord. *Hvor meget mere har så ikke en hel menighed ret til at kalde en,* når det er nødvendigt, som det altid er, især nu. I samme forbindelse giver Paulus enhver kristen ret til at lære blandt de kristne i nødsfald, idet han siger, at "alle kan komme til at tale profetisk, men én ad gangen, så alle kan belæres og alle formanes" (v. 31). Ligeledes at de "alle skal stræbe efter at tale profetisk, og ikke må forhindre nogen i at tale i tunger. Men alt skal gå sømmeligt og ordentligt til" (v. 39-40).

Vi må ikke betragte disse ord for tvivlsomme, som *giver den kristne menighed en så overvældende magt* til at prædike, lade prædike og kalde. Især i nødsfald kalder disse ord enhver personligt uden om menneskers kaldelse. Derfor hersker der ingen tvivl om at en menighed, der har fået evangeliet betroet, også må og skal udvælge og kalde nogen iblandt sig, som i de andres sted skal forkynde ordet.

Biskopperne skal følge menighedens ønske, valg og kald

Indvender du, at Paulus jo befaler Timotheus og Titus at indsætte præster. Og i ApG 14, 23 læser vi, at Paulus og Barnabas udpegede ældste for dem. Altså kan menigheden vel ikke bare kalde nogen og ingen kan af sig selv træde frem for at prædike blandt de kristne. Man må først have tilladelse og befaling fra biskopperne og de kirkelige myndigheder, der sidder i apostlenes sted. Til dette svarer jeg, at hvis vore biskopper og kirkelige myndigheder virkelig var i apostlenes sted, som de roser sig af, så gav det vel mening at man lod dem indsætte præster som Titus, Timotheus, Paulus og Barnabas gjorde. Nu er de derimod i Djævelens sted og er ulve, der hverken vil lære eller tolerere evangeliet. Derfor angår prædikeembedet og sjælesorgen blandt de kristne dem ligeså lidt som det angår tyrkerne og jøderne. De burde i stedet sættes til at passe æsler.

Selv dér, hvor der er retskafne biskopper, der ønsker at fremme evangeliet og indsætte rette præster, bør de dog *ikke gøre det uden menighedens ønske, valg og kald.* Undtaget i nødsfald af omsorg for sjælene, så de ikke går fortabt af mangel på Guds ord. Som du har hørt, har enhver i sådanne nødsfald ikke alene ret til at skaffe prædikanter gennem bøn eller via den verdslige øvrighed, men man bør selv løbe til, træde frem og lære, hvis man kan. Nødsfald er nødsfald og bryder alle love, ligesom enhver må løbe til og hjælpe, hvis det brænder og ikke vente til nogen beder ham om hjælp.

Hvor der derimod ikke foreligger nødsfald, men der er nogen, med ret, magt og nådegaver til at lære, da skal ingen biskop indsætte nogen uden menighedens ønske, valg og kald, men *skal stadfæste menighedens valg og kald.* Undlader han dette, er vedkommende alligevel stadfæstet gennem menighedens kald. Hverken Titus, Timotheus eller Paulus har indsat nogen præst uden menighedens valg og kald. Det ses klart i Tit 1, 6 og 1 Tim 3, 2, hvor det hedder, at en biskop eller præst skal være ulastelig og at menighedstjenere først skal prøves. Titus kunne jo ikke vide, hvem der var ulastelig. Det er en vurdering, menigheden må foretage.

Ligeledes læser vi i ApG 6, at selv ikke ved valget af de syv menighedstjenere indsatte apostlene nogen uden menighedens viden og vilje. *Det var menigheden, der valgte og kaldte de syv, og apostlene stadfæstede deres valg.* Når nu apostlene end ikke handler på egen hånd her, hvor det blot drejer sig om embedet med at fordele det daglige brød, hvordan skulle de så kunne gøre det uden menighedens viden, ønske og kald, hvor det gælder det højeste embede med at prædike.

Under de nuværende forhold, hvor ingen biskop vil skaffe evangeliske prædikanter, gælder eksemplerne med Titus og Timotheus ikke, men man er nødt til at kalde nogen blandt menigheden, hvad enten Titus vil stadfæste valget eller ej. Sådan måtte de også have gjort dengang, hvis Titus ikke ville have stadfæstet deres valg eller der slet ikke var nogen til at indsætte prædikanter. Derfor er denne tid helt anderledes end da Titus levede, hvor apostlene styrede og gerne ville skaffe rette prædikanter. Nu vil vore tyranner kun have ulve og røvere.

Og hvorfor fordømmer de rasende tyranner os i sådan valg og kald? De gør jo selv det samme. Ingen pave eller biskop indsættes jo af egen magt, men bliver kaldet og valgt af stiftet og stadfæstet af de andre. Biskopper af paven som deres overordnede, men paven selv af kardinalen fra Ostia som hans undersåt. Og selvom det skete, at en ikke blev stadfæstet i valget, var han alligevel biskop og pave. Jeg spørger derfor de kære tyranner: Når jeres eget valg og kald gør nogen til biskop og paven er pave uden nogen øvrigheds stadfæstelse alene på grund af valget, hvorfor skulle en kristen menighed så ikke kunne gøre nogen til prædikant alene gennem deres valg? Så meget mere da man anser biskoppens og pavens embede for højere end prædikeembedet. Hvem har givet dem denne ret og frataget os den? *Og vort kald har Skriften med sig,* mens deres kald er lutter menneskepåfund uden grund i Skriften, blot for at berøve os vores ret. Tyranner er de og slyngler, der behandler os som Djævelens apostle må.

Prædikeembedet er kirkens højeste embede

Desuden hænder det også enkelte steder, at også den verdslige øvrighed som rådsherrerne eller fyrsterne selv anskaffer sig prædikanter i deres byer og slotte efter eget ønske og uden tilladelse eller befaling fra biskop og pave. Det er der ingen indvendinger imod. Selvom jeg frygter, at de ikke har handlet ud fra indsigt i kristelig ret, men af foragt for embedet, for at skille det fra det åndelige regimente. Og dog er prædikeembedet det højeste embede, som alle andre udspringer fra og støttes af. *Hvor prædikeembedet ikke er, kan ingen af de andre bestå.* Også Joh 4, 2 fortæller, at Kristus ikke selv døbte, men kun forkyndte. Og Paulus roser sig i 1 Kor 1, 17 af, at han ikke er sendt for at døbe, men for at forkynde evangeliet.

Den, der derfor får *prædikeembedet* betroet, betros *det højeste embede i kirken.* Hvis han vil, kan han derfor også døbe, holde nadver og stå for al sjælesorg. Hvis han ikke ønsker det, kan han alene koncentrere sig om forkyndelsen og lade andre tage sig af dåben og de andre underembeder. Sådan gjorde Kristus og Paulus og de andre apostle i ApG 6. Deraf ser man, at vore nuværende biskopper og gejstlige er afguder og ikke rette biskopper. De overlader nemlig ordets højeste embede, som skulle være deres eget, til sognemedhjælpere, studenter og munke. Ja, de giver også de ringere embeder med at døbe og anden sjælesorg fra sig. Selv foretager de konfirmation, indvier klokker, altre og kirker som hverken er kristne eller biskoppelige handlinger, men egne påfund. De er forvildede og forblindede parodister, ja, rigtige barnebisper.

Om indsættelse af tjenere i kirken

Forord

Dette skrift skrev Luther i 1523 til de bøhmiske kristne og rettet til senatet i Prag. De omstændigheder, der går forud for dets tilblivelse, kaster lys over indholdet af indholdet.

Helt siden Huss' dage havde bøhmerne modstået Rom. Deres insisteren på at modtage nadveren med både brød og vin havde givet dem navnet "utraquists" (: begge dele). Og fordi paven nægtede at godkende deres holdning, havde de været i konflikt med Rom i over hundred år.

Men de beholdt stadig det meste af den romerske kirkes lære og regnede ordinationen for et af sakramenterne. Da paven nægtede dem er ærkebiskop, havde embedet i Prag været ledig fra 1421-1560, og et råd med valgte medlemmer styrede kirken.

For at kirkerne kunne have ordinerede præster, blev kandidaterne sendt til Italien, hvor italienske biskopper, især i Venedig, ordinerede dem på den betingelse at de ville forvalte nadveren alene med brød, når de vendte hjem.

Men ved deres tilbagevenden til Bøhmen måtte de nyligt ordinerede præster afsværge deres løfte til biskoppen. Det var helt klart en nødløsning, men det tillod bøhmerne at opretholde det, de anså for et gyldigt embede.

Luther havde håbet, at bøhmerne med deres uafhængige tradition ville blive hans allierede i striden med Rom. I 1522 skrev han til en af de bøhmiske adelige, grev Schlick, hvis ejendomme lå på grænsen til Tyskland og opfordrede landets ledere til at forblive tro mod deres hussittiske arv. I 1523, sandsynligvis i løbet af sommeren, ankom en bøhmisk præst, Gallus Cahera, i Wittenberg. Han fik Luther til at tro på, at Bøhmen var positive over for den tyske reformator, og ville blive påvirket af hans ord i deres vanskelige situation.

Luther skriver derfor til dem og kritiserer dem for deres kompromis med Rom. Han viser, at menigheden har ret til at vælge deres egne præster, når deres biskopper ikke holdt sig til Skriften. Han rådede bøhmerne til ikke at have noget at gøre med fremmede biskopper, hvis ordination de kun modtage med dårlig samvittighed. Desværre fulgte de ikke Luthers råd, men fortsatte deres forbindelse med Rom.

Luthers skrift udkom på latin i 1523, men blev samme år oversat til tysk af Paul Speratus.

Originaltitel "De instituendis ministris Ecclesiae", 1523.
WA 12, 169-95

Luthers indledning

Til mine venner i Kristus, ædle og vise borgmestre og rådmænd samt menigmand i bøhmiske Prag, nåde og fred fra Gud, vor fader, og den Herre Jesus Kristus!

Ædle herrer!

Tit og mange gange er jeg både mundtligt og skriftligt blevet anmodet om at skrive til jer angående den rette måde at kalde og indsætte hyrder i menigheden. Endelig har kristen kærlighed tvunget mig til, at tage sagen over tvært, skønt jeg meget vel ved, at det overstiger mine kræfter, som jeg da også her hjemme har mere at tage vare, end jeg ene kan bestride; men da jeres tarv nødvendigt kræver det, så vover kærligheden dristigt alt, for den stoler på, at den formår alt, når kun Gud, fra hvem dygtigheden kommer, virker i den. Derfor giver jeg jer, hvad jeg har; men under den forudsætning, at det ganske overlades til enhver, at dømme frit i sagen, for hvor man begærer min tjeneste, tør jeg ikke overskride min fuldmagt, hvorfor jeg også indskrænker mig til at råde og formane, men overlader det til enhver selv at handle. Men Herren, som har begyndt at vække jer til at søge lys i sagen, han fuldføre jeres forehavende og idræt, og krone den med velsignelse i gerningen, hans nåde og evangeliet til ære; lovet være han både tid og evighed. Amen!

Som forord må jeg erklære, at hvis nogen venter, at jeg her vil afhandle eller forbedre den skik, at kronrage og salve præsterne, som nu længe har været i brug, da må han vide, at dette skrift handler om ganske andre ting. Jeg vil ikke forbyde folk at beholde deres gejstlighed, så længe det lyster dem, ja deres overtro, lige så ærkekatolsk og ældgammel, som den er. Men her går vi på spor efter *den rene og rette kirkeskik, som er fremstillet i Skriften.* Derfor spørger vi ikke stort om, hvad vedtægter har indført og fædrene fulgt i dette stykke. Vi har nemlig nu en rum tid klart nok påvist, at vi ikke behøver, ja hverken tør eller vil være slaver af menneskelige påfund. Vi vil derimod i kraft af vor kristelige frihed gøre os til herre over det efter behag, som der står skrevet: "alle ting, være sig Peter eller Paulus, er jeres; men I er Kristi".

Om papisternes ordination

Men inden vi begynder at tale om vor, nemlig om den kristne, indsættelse af hyrder, er det ret og rimeligt, at vi først efterser papisternes såkaldte indvielse. Vi vil drage sammes grove ugudelighed frem for lyset, for at fordærvelsen, som David siger, kan vise sig i sin nøgne afskyelighed. Og de, som endnu hænger fast i det, kan få øjnene op, og desto lettere tage sig i agt. For at begynde så småt, vil vi først omtale det åg, som I bøhmere især frem for andre er blevet trykket af.

Efter at Satan havde fået overhånd, så hvad man kalder biskopper og præster var forsvundet af landet, ja så hele kongeriget Bøhmen var hærget og ladt i stikken, blev I under denne hårde og gruelige nød tvunget med magt af de romerske biskopper til år for år at sende jeres præster til Rom, for at købe indvielse hos papisterne. For da de indenlandske biskopper holdt jer for uforbederlige kættere, ville de for ingen pris indvillige i at indvie dem. Hvor stor skade og fare har nu ikke denne tvang forvoldt jer? Jeg vil endda ikke omtale, hvad de udsætter sig for på gods og helbred, som med stor besvær og bekostning må påtage sig så lang en rejse blandt fremmede, ja blandt fjender, for omsider at vende hjem igen og forestå jeres anliggender. Men hvor mange vende ikke tilbage med slemme sygdomme, ja med fordærvede vaner og brændemærkede samvittigheder? Dog det allergrueligste er, at de ved en skændig og nederdrægtig overenskomst mellem jeres tyranner og deres bødler, det vil sige mellem biskopperne, blive tvunget og pisket til at købe deres indvielse imod samvittigheden. Ingen af dem tør altså med god samvittighed rose sig af, at han er gået gennem den rette dør ind i fårefolden. Dette er jo dog det allertungeste, at I alene og udelukkende skulle være bundet til sådanne hyrder, der er trængte ind andre steder end gennem døren.

Denne tvang har nu senere fremavlet en afskyelig frihed, så at enhver letsindig krabat, enhver frafalden ordensbroder, ja selv sådanne skarn, som hvert land regner til udskuddet, har haft frit rykind hos jer og overtaget præsteembeder, så denne jeres yderligere nød endog er blevet til et ordsprog, når det hedder: har nogen fortjent stejle og hjul i Tyskland, kan han endnu blive en god præst i Bøhmen! På denne måde er Bøhmen blevet fyldt med de værste galgenfugle, dernæst også med uvidende hyrder, og, hvad der er det værste, med glubende ulve. Men hvad fordel har den hellige romerske stol haft af, at bøhmerne således gik til grunde i tøjlesløshed? Jo den hellige fader har tænkt, at det faldt netop i hans kram, at skovle penge ind, og drive handel med denne gift og landeplage, med tøjlesløs frihed, for at han kunne spise og fordærve jeres sjæle. Det var rigtignok ingenlunde fordi han undte jer friheden, men pengegriskheden har dog bevaret ham til at vise sig så nådig, at han solgte sin hellige indvielse til kættere og dødsfjender.

Herfra stammer tillige den store elendighed og babyloniske forvirring i jeres så berømte kongerige, idet nogle har fået deres præster påtvunget, andre er for svage til at turde straffe dem de har, og således går det da til, at enhver fører hvad lærdom han vil. På et sted prædikes der således, på et andet sted således; nogle bedrager befolkningen ved at udgive sig for præster uden at være det, andre tilkøber sig præsteembeder, atter andre blive påtvungne med magt, og efterfølgeren fører atter anden lærdom end hans forgænger. Da der således ikke er spor og tanke om noget virkeligt præsteskab, kan jeg ikke ligne det gode Bøhmen ved andet, end ved det Babylon, som profeten beskriver, hvori vildkattene springer rundt og uglerne tuder. Hvad under derfor, at folket i Bøhmen under denne forvirring er spaltet i stridende partier, og hverken kender kristen tro eller kristen livsførelse, hvorfor også hele deres præstevæsen betragtes rent ud som en pest for landet.

8

Denne forfærdelige og gruelige tilstand burde med rette bevæge alle bøhmere, til alle som én at rejse sig mod denne ugudelighed. Ja var nøden og elendigheden bevisligt så stor, at der ikke var nogen udvej til at få andre kirketjenere, så ville jeg med god samvittighed give det råd, hellere slet ingen tjenere at holde. Da var det langt bedre og gavnligere, om enhver husbond læste evangeliet hjemme i sit hus. Og da det tillige har enstemmigt medhold, og er skik over hele verden, at indrømme lægfolk ret til at døbe, så er det tillige et råd, at enhver husbond, der blev far, selv døbte sine børn, og således sørgede for sig selv og sine, i overensstemmelse med kristendommens lære, selv om de hele livet igennem ikke turde eller ikke kunne nyde den hellige nadver. Alterets sakramente er nemlig ikke ubetinget nødvendigt for frelsen. Evangeliet og dåben er tilstrækkelig, fordi alene troen gør retfærdig, og alene kærligheden gør gudfrygtig.

Sandelig, blev to eller tre eller ti huse, eller en hel by, eller flere byer, enige om at følge dette råd, så de hjemme i husene mellem dem selv indbyrdes øvede troen og kærligheden ved evangeliets bistand, da ville Kristus ganske vist være iblandt dem, og anerkende dem for sin menighed, om der så end aldrig kom nogen indviet kronraget og salvet, eller på hvilken som helst anden måde påtvungen tjener, og rakte dem alterets sakramente og andre kristne goder. Nej, Kristus ville ikke derfor fordømme dem, meget mere ville han krone og belønne denne deres gudfrygtige og *kristne afholdenhed fra de nådemidler, som de alene kan få gennem ukristelige og ugudelige tjenere.* Han har jo nemlig selv sagt: ”Kun ét er nødvendigt. Det er Guds Ord, som mennesket lever af.” (Luk 10, 42). *Når et menneske derfor lever af Ordet, og ejer Ordet, så kan han give afkald på det øvrige.* Navnlig når han derved vil undgå de vantros lærdom og betjening. Og hvad hjalp det, om man frit kunne nyde resten, men måtte undvære Ordet, hvori livet alene er at finde? Men de købte og indsmuglede papister drive med deres indvielse alene på at gøre Guds Ord husvildt i Bøhmen, så kun nadveren bliver alene tilbage. Det vil med andre ord sige, at de stjæler det ene fornødne fra jer, og vil spille herrer i landet ved det andet, som ikke er uomgængelig nødvendigt.

Omvendt skal nu en husbond ved Ordet skaffe sine det ene fornødne, og så længe han befinder sig i fangenskab, kan han så i kristen ydmyghed lade det gå med resten som det kan. Man må nemlig under sådanne forhold tage eksempel af jøderne under deres fangenskab, for skønt de hverken kunne besøge Jerusalem eller ofre der, *så holdt de dog troen i live ved Ordet*, og levede tåleligt blandt fjenderne, skønt de sukkede og længtes efter Jerusalem. På samme måde gjorde også en husbond, som sagt, under pavens tyranni allerrettest og sikrest i, at sukke og længes efter alterets sakramente, så længe han hverken kunne eller turde modtage det. Dog skulle han hjemme i sit hus alvorligt og utrætteligt ved undervisning i Guds Ord øve sine egne i troen, indtil Gud fra Himlen måske forbarmede sig, og enten ophæver dette fangenskab, eller på anden måde sendte en duelig tjener. *Min mening er altså denne, at man er bedre tjent med slet ingen, end med en ugudelig, ukristelig og skammelig tjener*, der alene kommer, for som en tyv og morder at spise og fordærve.

Men at elendigheden og nøden skulle bringe det så vidt, er der, Gud ske lov! ingen udsigt til, uden måske hos de skrøbelige og hos dem, der er overdreven ængstelige ved alt. De øvrige, som tror og erkender sandheden, har dog fuldkommen i deres magt, at skaffe sig alle ukristelige kirketjenere fra halsen, og på den anden side alene at kalde og indsætte duelige og kristne, så ofte de finder det nødvendigt. Det er nemlig et ganske artigt påfund, som alene det syndens menneske har kunnet udtænke, at han, ved at påtrykke vielsens hemmelighedsfulde stempel, skaber præster for evigheden, uden at nogen forbrydelse kan gøre forandring i dette. Det har han ene og alene har fundet på, for at han på denne måde kunne gøre sit voldsherredømme uforgængeligt, og sikkert blive ved at synde på trods, når folk måtte tage til takke med de værste slyngler, uden nogensinde at måtte gøre bedre valg selv. Dog, om dette voldsherredømme skal vi senere tale. Men efter at jeg nu her har formanet jer bøhmere til at sørge for jeres egen tarv og give den papistiske indvielse en god dag og hurtig afsked, så vil jeg kun tilføje en indlysende omstændighed, som må bevæge jer og alverden til, med ækelhed at vende den omtalte afskyelige og gruelige papistiske indvielse ryggen.

Jeg udsætter indtil videre den anke, der må gøres mod den papistiske indvielse, at alle såkaldte præster besmøres og beskikkes alene ifølge biskoppens magtfuldkommenhed, uden at man i mindste måde spørger eller bekymrer sig om den menigheds samtykke og stemme, som man sætter dem til at styre, skønt dog netop menigheden som Guds folk har mest at sige og størst part i sagen. Man må på ingen måde pånøde den nogen imod dens vilje; for kun hvem der var menigheden velkendt, og den havde kaldet, fordi man mente at kunne være tjent med manden, skulle biskoppen bekræfte i embedet. Nu indvier man derimod i almindelighed præster på det uvisse, så næsten ingen længere ved, hvilken menighed han engang i tiden skal betjene. Ja størstedelen bliver endog kun indviet til kapellan for at besørge messeofferet. Så langt er det fra, at menigheden kan være vidende om, hvilke præster biskoppen finder for godt at salve til den. Men skønt dette er en meget skadelig uorden og et skændigt misbrug, vil jeg dog, som sagt, udsætte denne anke indtil videre.

Hvad der derimod med rette må forfærde enhver højt, som har Kristus kær, og bevæge ham til hellere at lide alt, end at modtage indvielse af papisterne, det er, at hvert stykke, som hører til denne indvielse, er det allergroveste og antikristeligste misbrug, både i sig selv og på den måde, det hele foregår. Ja, var de ikke ramt af gruelig blindhed og med vanvid, så måtte man antage, at de ret med flid ville gøre nar af Gud lige op i hans øjne. Når vi nemlig gå ud fra Skriftens vidnesbyrd, og dernæst fra apostlenes eksempel og bestemmelser, så ser vi, at præsternes beskikkelse eller indvielse alene er anordnet, for derved at skaffe menigheden tjenere i Guds Ord. Her er talen naturligvis kun om Guds Ords offentlige betjening i menigheden, hvorved Guds hemmeligheder bliver uddelt. Det rette embede skal indvies ved en hellig indvielse, *da det er det største og vigtigste hverv i kirken*, og hele Guds husholdning består ved det. Intet i Guds rige kan bestå uden Ordet, hvorimod alle ting består ved Ordet alene. Men de gode papister har ikke engang kendskab til eksistensen af et sådant husholderembede, når de beskikker eller indvier præster. Lad os da se, hvad de gøre.

For det første er de alle til hobe slået med blindhed, ved virkelig hverken hvad Ordet eller hvad ordets betjening vil sige, og det gælder især biskopperne, skønt det er dem som indvier eller beskikke præster. Og hvordan er det så muligt, at de med deres indvielse kan indsætte

20

tjenere for Ordet? Men i stedet for ordets tjenere indvier de også kun undertjenere (klerke), som skal besørge messeoffer og høre skrifte for det er biskoppens mening, når han rækker ham nadverkalken og giver ham fuldmagt til at velsigne den, samt til at ofre alterets sakramente for levende og døde. Ja heri består den overstrømmende store myndighed, som de praler af, at ingen engel nogensinde har fået overdraget, ja end ikke Guds moder selv. Og dog er disse svin med alt dette værre end skøger og mordere. Fremdeles er det biskoppens mening, når han med umådelige hellige gådefulde fagter indblæser Helligånden med de ord: "Modtag Helligånden"! at han derved gør ham til skriftefader, så han altså får fuldmagt til at holde messe og at høre skrifte, hvori hele herligheden hidtil har bestået.

Du må frit kalde mig en løgnhals af første skuffe, hvis du blandt alle dem, der er ordineret på denne måde, kan opvise én eneste, som kan sige med god samvittighed, at der ved indvielsen er blevet ham pålagt, at være husholder over Guds hemmeligheder, eller at forkynde evangeliet og forestå Guds menighed, som han har erhvervet sig med sit blod. Sandelig, ingen af dem har nogensinde hørt et ord herom, ja drømmer ikke engang om, at dette vedkommer præsterne. De får rigtignok kalken i hånden, men i den tanke, at det hele drejer sig om, at de herefter skulle have ret til, for det første at velsigne og ofre Kristus i messen, og for det andet at høre skrifte. Hvad man ellers for resten spørger om, er alene, om man har udsigt til et levebrød og kan få gode dage. Det hele drejer sig altså ene og alene om at besørge messeofferet, det er præstevielsens egentlige blomst. Den, der kun har bragt det så vidt, ham har kirken allerede kendt for god som præst, og hans myndighed har ellers ingen, som besmørelsen af fingeren og kronragningen afgørende beviser. Til det andet, eller til Guds Ords betjening, har de en anden nymodens ceremoni, som uden sammenligning står langt tilbage for den hellige indvielse, eller præstelige ordination, og slet og ret besørges af en *sognepræst*, eller endog simpelt hen af den verdslige øvrighed. Det var jo heller ikke rimeligt, at så høje herrer som hyrder og biskopper skulle have ulejlighed med dette. Nej det må overlades til de allersimpleste, laveste og udskuddet, som noget der er alt for langt under de andres værdighed. At være husholder over Guds hemmeligheder og at vogte sjæle, det er jo en simpel bestilling, hvortil der intet *uudsletteligt præstestempel* hører, og som ikke kan kaldes den hellige vielses sakramente. Men til at velsigne og ofre Kristus, ja dertil hører der naturligvis et uudsletteligt mærke. Det er den hellige vielses ægte sakramente!

Fremdeles pådrager det ugudelige biskoppekryb sig Guds hastige vrede, ved ikke blot at foragte ordets tjeneste, som de ombytter med deres messedegnevæsen, men de skubber også den frelsende dåb fra sig, som en forretning, der må være dem uvedkommende, og er alt for lav for sådanne perlestukne nathuer og guldbroderede bispekåber. Og dog er det dåben, der levendegør og helliger os til evigt liv. Derimod falder det rigtig i deres kram, i stedet for sjæle at døbe livløse døde genstande, som sten, altre og klokker, der vel er ligeså uimodtagelige for dåben, som de selv for sandheden. Det er jo så afsindigt og tåbeligt, at man måtte briste af latter, når man uden at betænke sagens alvor så en biskop spille sådan gæk. Men når man i ånden forstår den gudsbespottelse, som herved bedrives, må man briste af harme.

Må man erklære sig mod præstevæsenet overhovedet, så må man da først og fremmest benægte, at alle de, som papisterne har besmurt i deres indvielse, er præster. Af det anførte er det indlysende, at de aldeles ikke indlader sig på at beskikke ordets tjenere, men kun messedegne og skriftefædre. De kan heller ikke bevirke eller frembringe andet, end hvad de har til hensigt at bevirke og frembringe. Eller med andre ord, da de på ingen måde har til hensigt at overdrage fuldmagt til at undervise menigheden, men kun til at holde messe og høre skrifte, så er det også en umulighed, at de kan overdrage andet, end hvad der er deres agt. Da det nu tillige er *soleklart, at messen ikke er noget offer*, samt at deres skriftemål, som de udgiver for en salighedssag, er vind, og at tværtimod begge dele hverken er mere eller mindre end menneskepåfund gudsbespottelse og løgn af værste slags; så følger nu heraf, at ingen kan blive en Guds præst eller tjener ved denne deres hellige indvielse. Man bliver kun en falsk og pyntet gøgler, der står og ofrer, hvor der intet offer er, og tilgiver brøde, hvor ingen har ret til at anklage, ligesom hvis en skuespiller ville le og springe om for sin egen fornøjelse, når ingen anden gad se på ham eller le af ham.

Dette er hvad der burde tilskynde ikke blot jer bøhmere, men ethvert kristen, til hellere at lide alt, end blive besmittet ved en sådan gudsbespottelig indvielse. Og alle de, som hidtil er blevet indviet på denne måde, burde være inderlig bedrøvet over, at de således er blevet bedraget af løgnens blændværk. Og har nogen en enkelt gang holdt virkelig messe, eller opfyldt en ægte kirketjeners bestemmelse, da er det sandelig ikke sket i kraft af deres højhellige indvielse, som kun er lutter løgn og gudsbespottelse, men det er sket i kraft af troen og kirkens fuldmagt, som har været tvunget til i mangel af det rette embede at tage tingene som de var, og lempe sig efter forholdene. Men nu, da der er kommet lys i sagen, er det uforsvarligt længere at forhåne og bespotte Gud. Nej nu skal man sky løgnens abespil som den grueligste sjælepest og den skammeligste forhånelse af hele menigheden. Men enhver, som er kommet for skade at deltage i skuespillet i stedet for i embedsgerningen, han skal nu skynde sig, at gribe det virkelige embede, og besørge det for fremtiden ret og forsvarligt. Han skal vende messedegnevæsenet ryggen, og beflitte sig i stedet derfor på at forkynde sin menighed Guds Ord, og forestå sit sogn tilbørligt. Han skal forkaste og forbande af ganske hjerte den smørelse og indvielse, hvormed han blev indsat. For selv om han er indsat på en falsk og ukristelig måde, behøver han ingenlunde at forlade sin virkekreds, når han kun har omvendt sig, og forkastet og forbandet sin uberettigede adkomst.

Hvis nu disse pyntedukker og forlorne biskopper med deres indvielse og ofring, for sjov eller for alvor, foretog sig noget, som ikke var lige stik mod evangeliet, og de dog ved siden heraf ville lade os beholde Kristus i uforstyrret besiddelse af sit rige, så fortjente deres narrestreger ikke så hård en straf, eller så kunne man bedre finde sig i dette uvæsen. Men nu er deres afsindighed og gruelige dårskab af den beskaffenhed, at hvis deres offer og embede skulle have gyldighed, så måtte Kristus aldeles fornægtes og fortrænges, hvilket jeg også ved andre lejligheder tilstrækkelig har påvist. Man må ikke tage mig ilde op, at jeg også her finder anledning til at gentage enkelte ytringer.

Hele evangeliet og hele Skriften erklærer nemlig, at Kristus er ypperstepræsten, som alene, én gang for alle, og kun ved at ofre sig selv, har borttaget al menneskelig synd og erhvervet en evig forløsning. Det gjorde han, da han med sit eget blod indtrådte den ene gang i helligdommen og således fuldførte sit frelserværk for evigt. Derfor gives der nu aldeles intet sonoffer længere for vore synder uden hans alene. Og når vi med oprigtig tro forlader os på dette ene offer, da bliver vi rensede for alle vore synder, uden nogen egen fortjeneste eller gerningshellighed. Men om dette offer og han hengivelse for os, har han indstiftet et uforgængeligt minde, idet han har befalet at forkynde hans død i den hellige nadver. Derved vil han nære og styrke troen, som vi skal have på dette offers gyldighed.

Men hvilke afskyeligheder bedriver de papistiske præster nu ikke i denne henseende? De ofrer daglig på utallige steder over hele verden hans legeme og blod, som om hans ene offer ikke var tilstrækkeligt, eller som om han ikke en gang for alle havde erhvervet en evig forløsning. *I kraft af denne deres ofring uddeler de så syndsforladelse, rigtignok ikke en evig, men kun en daglang, som må fornyes næste morgen.* Denne afskyelighed overgår sandelig det værste vanvid. For hvad er det i grunden andet, end at lege med ord, og give det udsende af, at man sætter stor pris på Kristi offer, mens man på samme tid i virkelighed fornægter og ophæver det. For hvordan i alverden er det muligt, at jeg på én gang kan tro, at jeg ved Kristus har modtaget evig syndsforladelse, da han en gang for alle hengav sig for mig, og dog alligevel ved en daglig gentagelse af et én gang for alle bragt offer, bestandig kan søge så en, og så en anden syndsforladelse. Nej, når jeg tror, at mine synder er mig evindelig forladt ved Kristi offer, som er bragt én gang for alle, så kan jeg ikke vedblive at søge syndsforladelse ved de andre ofringer. Det ene udelukker nødvendigt det andet. Søger jeg syndsforladelse ved daglige ofre, så må jeg opgive troen på Kristi evige offers gyldighed, og omvendt.

Her ser I nu, hvorledes disse offerpræster ved skrækkelig ugudelig misbrug under navn af kristendom har frastjålet os Kristus og hele hans rige, og i stedet for har indført deres eget væsen, deres offer og narrestreger, i overensstemmelse med Kristi spådom, at vederstygge-ligheden skal løfte hovedet i helligdommen. Ligesom Kristi ord her opfyldes: "Mange skulle komme til jer i mit navn, og sige: jeg er Kri-stus." Eller giver de sig ikke netop ud for Kristus, når de med deres daglige og utallige ofringer tiltager sig æren for, *hvad Kristus alene og en gang for alle har udrettet*? Kalder man ikke det at fraliste troen den sandhedens klippegrund, som er i Kristus og at bygge den på menne-skelige løgnes flyvesand?

Her se vi da, hvad det er for præster papisterne skaber ved deres indvielse. De er visselig ikke Guds men Satans præster. Kristus træder de under fødder, hans offer afskaffer de, hvorimod de under hans navn sælger deres eget kram, og får verden narret til at tro på deres ofringer. Derfor kan der heller ikke længere rejses det spørgsmål, om man skal begære og modtage indvielse af papisterne, da det er en vitterlig og afgjort sag, at man allermindst i pavens rige kan meddele indvielse og ordinere præster. Skinnet synes vel at tale stærkt for, at man virkelig indvier og beskikker præster; men sådan øjenforblindelse bruger kog-leriets fyrste netop for dermed at kunne befæste sit ugudelige væsen. Derfor tvinger vor samvittighed os troende til at sky hans indvielse som den mest forbandede ting. Ja hensyn til vor evige frelse nøder os indtrængende til at afholde os fra denne dem, der ved og forstå dette, og dog lade sig indvie af denne Guds fjende, denne Ba'al Peor!

Netop dette skal I bøhmere frem for noget andet folk lægge jer på hjerte. For jer bliver det ikke blot af Gud tilregnet som ukristeligt, en skæbne I deler med de andre folk i kristenheden, men det er tillige den største skændsel for jer, som man ikke kan opvise mage til, at I tigger og betaler indvielse af jeres fjende, der på den mest lumpne og van-ærende måde har bragt Johan Hus', Hieronymus fra Prag, og mange andre på bålet. De har lige ud stilet efter at udrydde jer af jorden, og har til denne dag bestandig på oprørende måde tildænget jer med skældsordet "kætter", medens det har kostet jer strømme af blod at modstå hans giftige anslag. Dog skammer den blodige tyran sig på in-gen måde ved sin ondskab, angrer den ikke, så lidt som han tilbagekalder sin uretfærdige fordømmelsesdom over uskyldigt blod, eller tilbagegiver jer det ved ugudeligt magtsprog frarøvede kristennavn. Han føler heller ikke i mindste måde sorg over, at så meget tysk blod er blevet udgydt forgæves og til ubodelig sjæleskade i kampen mod jer, for at befæste hans gudsbespottelse voldsherredømme. Nej han har så hård en pande og så stiv en nakke, at han endnu den dag i dag allerhelst ønskede, at både I og vi sank med hinanden i graven, så der ikke blev en gnist tilbage af den oplysning, hvormed Kristus endnu værner om sin ære.

Endnu lyser han sin tomme og intetsigende forbandelse over kong Georg og alle indbyggerne i Münsterberg, det skønne hertugdømme, som hører under Bøhmens krone, en medfart, som også mange andre må døje. Men Gud ske lov, at det syndens menneske er blevet åbenbar, om hvem Peter for længe siden har sagt, at han frækt vil bandsætte konger og fyrsters, men vi har en anden biskop, der kan velsigne, hvor han forbander, som der står skrevet: ”De vil forbande, men du vil velsigne.” (Sl 109, 28). Pavens bandstråle mod kong Georg og hertugdømmet Münsterberg og alle dem, der deler skæbne med dem, har altså aldrig haft, og har endnu ikke mere at sige, end hvad Salomo siger i Ordsprogene (26, 2): ”Som en svale i flugt, sådan rammer bandet ikke en uskyldig.” For kong Georg og hele hans slægt er og bliver det tværtimod til evig tid en stor ære for Gud, som alle andre konger og landsherrer må misunde ham, at han således er blevet hjemsøgt af den forbandede stol og det fortabelsens barn.

Ak kære bøhmere! Vil I da endnu bestandig vedblive at søge denne jeres fjendes hånd til ingen verdens nytte, ja på den skammeligste og ugudeligste måde? Vil I endnu have det allermindste at gøre med denne bøddel, denne blodhund, denne kættermager, hvem der aldeles intet godt kommer fra. Ja, som er en vederstyggelighed for Gud og mennesker? Gør I ham ikke i modsat fald den uforsvarlige indrømmelse i gerningen, at han har gjort ret i at bandlyse jer? Er det ikke virkelig sådan, at I med det samme fordømmer alle jeres ærlige og hæderlige foretagender imod ham? Erklærer I ikke med det samme jer selv for kættere? Forvandler I ikke netop herved Johan Hus' kristne og uskyldigt udgydte blod til kætterblod, som man med fuld ret kan rose sig af at have udøst? Jo det må være tilfældet, når I kysser dens hånd, der udgød det, når I falder ham til fode, der træder jer under fødder, og overøser jer med evig skændsel. Hvor meget rettere gjorde I derfor ikke i, at holde jer i så tilbørlig afstand fra ham, at I, så vidt muligt end ikke mærkede stanken af hans navn! Når Paulus endog befaler at undgå en horkarl og en drukkenbolt, hvor meget mere er da ikke enhver, som bekender Kristus, forpligtet til at undgå dette afskum, dette *Satans største mesterstykke*, som ingen må røre eller tugte.

Lad mig nu se, kære fromme herrer, at I for det første føjer mig i dette stykke; ja selv om I kvier jer ved det, skal jeres egen samvittighed og frygt for Gud dog nødsage jer til, hverken for fremtiden at begære eller at modtage nogen indvielse af dette fortabelsens barn, selv om den blev tilbudt jer. Endnu mindre skal I modtage nogen, der kommer til jer med hans indvielse, og medbringer uhyrets navn og mærke. Går I først med på det, så er al møje spildt, da er det til ingen nytte, at jeg søger ved mine råd at hjælpe jeres sag. Desuden bliver derved jeres berømte, ja salige frafald fra Satans rige nedsat til en bagatel og til barnestreger; for hvad har det at sige, at man praler af at have frigjort sig fra pavens åg, når man dog lader denne tyrans tyveknægte og sjælemordere styre samvittighederne, skønt man vil lade, som om man har givet ham selv afsked? Må ikke hele verden antage, at det blod, som I strømmevis er udgydt, de farer som I har udstået, den forsmædelse I som kristne har lidt, ved alle vegne at blive udråbt for kættere, hidrører alene fra en tom ordstrid og kævleri, så I kun med munden har brudt med paven, men i virkelighed på ny har underkastet jer hans voldsherredømme? Langt priseligere handler vi tyske narre da i at bære åget uden omsvøb, ved at tage tingene, som de er og kalde den ved sit rette navn. Vi giver os ikke ud for at være paven ulydige, for at vi ikke skal trøste os i vor elendighed ved en falsk ros, eller for at vi ikke skal gøre den forbandede tyran en stor glæde ved selv at gøre os latterlige.

Nu kunne en spørge: "Hvad skal vi da gøre? Nød bryder alle love! Har vi end ingen præster, så kan vi dog ikke undvære dem, vi har!" Ja, hvis dette var rigtigt, så burde man have indset og mærket og sagt dette, inden man begyndte på at vende paven ryggen, eller man burde dog nu snarest muligt vende tilbage til og anerkende det afhængighedsforhold, som man havde løsrevet sig fra. Og det må man langt hellere gøre, end så ynkeligt miste friheden, og lade sig afspise med vind, som om man var kommen i besiddelse af frihed, skønt man sulter i dobbelt så hårdt et fangenskab. Sagen stiller sig derfor nødvendigt sådan, at vi endnu i dag må gøre ét af to, enten vise, hvordan vi uden pavevælde kan skaffe os præster, eller hvis vi ikke vil det, skønt vi kunne, bør vi give os villigt og rede ind under fangenskabet, og med fuld vidende og frit forset tjene mørkets fyrste i hans ugudelighed, hvilket Kristus, vor nådige herre og mester, forbyde nogensinde at ske.

At være præst er ikke det samme som at være sognepræst

Først skal det siges, at en præst og en sognepræst eller tjener ikke er det samme. *Til præst fødes man, men til tjener kaldes man.* Her må man gå ud fra troens faste stade, for at vi ved Guds Ords kraft kan omstøde denne vidt forgrenede og mægtige anstødssten, at mennesker først har fundet på at bruge navnet præster, og derpå har stået stift og trodsigt på, at alle de var præster, som blev kronraget og salvet af biskopperne. Ved at besmykke sig med dette navn, har Satan listigt indsneget sig, og har derpå ædt og omstyrtet det hele med grueligt raseri. Derpå har han hentet syv andre djævle, der var endnu værre, har med dem taget sin borg i besiddelse, og der troner han nu i god ro og mag, så alle folk ved Ordet "præst" nu alene tænke på et sådant kronraget og salvet utyske, der er opblæst af menneskeligt hovmod og opstået af overtro. Når du da kun selv vil lukke øjnene op, og med forbigåelse af slik og brug, gammel vedtægt og den store hob, alene vil holde fast ved og åbne øret for Guds Ord, så skal du snart blive hævet over denne forargelse.

Så skal det da nu for det første stå for os som en urokkelig sandhed, at i den nye pagt kan ingen blive præst ved ydre salvelse. Hvis der altså findes sådanne karle, må de være falske afgudspræster. De kan hverken fremføre eksempel eller bogstav for deres salvelse. De kan ikke belægge den med et eneste ord fra evangelierne og de apostolske breve. Hele dette væsen er derimod opstået og indført ved idel menneskepåfund, ligesom Jeroboams gudsdyrkelse i Israel. *Til præst i Det Nye Testamentes forstand må man nemlig fødes og ikke fabrikeres,* skabes, og ikke indvies. Denne fødsel er imidlertid ikke efter kødet, men af vand og Ånd, og foregår i genfødelsens bad. *Derfor er alle kristne til hobe også præster,* og alle præster er kristne. Og det var en fordømt tale, hvis man ville sige, at en præst var andet end en kristen, for sådan snak strider mod Guds Ord, grunder sig på lutter menneskelærdom, gammel vedtægt, eller flertallets mening. Og når man af en af disse tre grunde opstiller noget som trosartikel, da er det en gru og gudsbespottelse, hvad jeg andetsteds tilstrækkeligt har påvist.

Det *Guds Ord i Skriften* derimod, hvormed vi skulle berolige og bestyrke vor samvittighed i, at alle kristne, og de alene, er præster. lyder sådan: "Du er præst evindelig på Melkizedeks vis." (Sl 110, 4). Med det kan vi forkaste alle de salvede og kronragede, for Kristus blev hverken raget eller salvet til præst. Derfor kan ingen, der vil træde i hans fodspor, lade sig nøje med at blive salvet til præst, men må gå en ganske anden vej, som gør al smørelse og salvning helt overflødig. Her ser du da, hvor gudsbespotteligt disse forlorne præstemagere, disse biskopper, snakker om, at man nødvendigvis må salves og indvies, og at man ikke på nogen anden tænkelig måde kan blive præst, om man end var nok så hellig, ja var Kristus selv. Hvorimod de siger, at selv et skarn som Nero, og en usling som Sardanapel, kan blive præst på deres måde.

Hele følgen heraf er jo kun den, at de nægter, at Kristus og hans kristne er præster. Ingen kan på denne måde blive præsteviet og tage mod præstedømmet, uden derved at fornægte, at han allerede i forvejen er præst. Ved at gøre dem til præster på deres vis, afsætter de dem med det samme fra det rette præstedømme, så deres indvielse i Guds øjne slet ikke er andet end tomt abespil, skønt den rigtignok til samme tid er en virkelig og sørgelig vanhelligelse. Når det nemlig hedder: "Jeg skal indvies til præst", så har man jo med det samme sagt, eller i gerningen indrømmet, at man hverken i forvejen har været eller endnu er blevet præst. Det ligner ganske det afskyelige munkekneb, at de hæver de såkaldte *evangeliske råd* til skyerne, på samme tid som de fornægter Guds bud.

Imod dette er det klart rigtigt og kristeligt forsvarligt, at slutte sådan: Kristus er præst, derfor er alle kristne præster! Det fremgår af Salme 22, 23: "Jeg vil forkynde dit navn for mine brødre." Og ligeledes i Salme 45, 8: "Gud, din Gud, har salvet dig med glædens olie frem for dine brødre". Men at vi er hans brødre, grunder sig alene på den nye fødsel, derved er vi blevet præster som ham, Guds børn som ham, og konger som ham. For han har overført os med sig i det himmelske, for at vi skulle være hans brødre og medarvinger, og besidde alt i ham og med ham. Desuden har vi mange andre skriftsteder af lignende indhold, hvor vi kaldes ét med Kristi, ét brød, ét bæger, ét legeme, hans lemmer, ét kød, ben af hans ben osv., så vi jo må har alle ting tilfælles med ham.

Heraf drager vi nu følgende velsignede slutning: Er Kristus blevet den nye pagts første præst uden hårklipning, salvelse og præstemærke, og uden den biskoppelige vielses hele abespil, så har han også gjort sine apostle og disciple til præster uden disse narrestreger. Derfor er denne tåbelige skik aldeles overflødig, og selv hvor den er i brug, er den dog aldeles utilstrækkelig til at gøre nogen til præst. Ellers nødes man til at sige, at hverken Kristus eller hans apostle har været rette præster. Heraf er det nu aldeles indlysende, at jeg med fuld ret har kunnet sige, at der intetsteds findes præster i mindre grad, end netop her, hvor man indvier præster sådan som nu om dage. De udelader alt det, som Kristi og hans apostles præstedømme grunder sig på, og som alene er i stand til at gøre folk til præster; hvorimod de kommer frem med deres eget hjernespind, og føjer denne løgn til: Herved er du blevet præst, og uden dette var du ikke blevet præst! Det vil jo med andre ord sige: Fordi Kristus hverken er blevet klippet skaldet eller salvet af os, så er han heller ikke nogen rigtig præst!

Men lader os nu gå videre, og af de såkaldte præstelige hverv godtgøre, at *alle kristne er ligeberettigede som præster.* Andre steder har jeg udførligt gennemgået disse skriftsteder: "I er et kongeligt præsteskab" (1 Pet 2, 9). Og: "Du har gjort os til konger og til præster for vor Gud" (Åb 5,10). Her fremgår det at de præstelige opgaver består i at lære, prædike og forkynde Guds Ord, døbe, forvalte eller uddele alterets sakramente, løse og binde synder, gå i forbøn for andre, ofre, og fælde dom over alle andre lærdomme og ånder. Det er sandelig vigtige og kongelige opgaver.

Det første og allervigtigste, hvoraf alt det andet afhænger, er imidlertid *at lære Guds Ord.* Den, der lærer Guds Ord, kan også indvie nadveren ved Ordet, binde og løse ved Ordet, døbe ved Ordet og ofre og bedømme alt ved Ordet. Vedkommende kan ikke med rette nægtes noget af det, der hører med til præstedømmet. Nu er Ordet netop fælles for alle kristne. Som Esajas siger: "Alle dine børn skal være oplært af Gud." (Es 54, 13). Det udlægger Kristus netop sådan i Joh 6, 45, at alle, som hører og lærer af Gud, er oplært af Herren. Og denne hørelse sker ved Kristi ord, som der står i Rom 10, 17. Og som det hedder i Salme 149: "Med lovsang til Gud i munden og tveægget sværd i hånden, for at tage hævn over folkene og revse folkeslagene,
for at binde deres konger med lænker, deres ædle med kæder af jern og fuldbyrde på dem den alt skrevne dom til ære for alle hans fromme!"

Og at denne første opgave, nemlig tjenesten med Guds Ord, er fælles for alle kristne, fremgår desuden af følgende skriftsted: "I er et kongeligt præsteskab, for at I skal forkynde hans guddomsmagt, som kaldte jer fra mørket til at vandre i hans underfulde lys." (1 Pet 2, 9). Må jeg nu være så fri at spørge om, hvem det da er, som er kaldet fra mørket til hans underfulde lys? Er det måske alene de kronragere og salvede pyntedukker, eller er det ikke snarere alle kristne? Men Peter indrømmer dem ikke blot ret til, men befaler dem ligefrem, at forkynde Guds guddomsmagt, som sandelig ikke vil sige andet, end at prædike Guds Ord. Lad dem nu komme frem, alle de, som har opfundet *et dobbelt præstedømme,* nemlig *dels et åndeligt og almindeligt, og dels et ydre og særligt.* De foregiver, at Peter her taler om det første af disse. Hvori består da deres ydre og særlige præstedømme? Skal det da ikke forkynde Guds herlighed? Men her nævner Peter netop det åndelige og almindelige præsteskab befaling desangående. Rigtignok har disse gudsbespottere et ydre præstedømme for dem selv, men derved forkynder de ikke Guds, men pavens herlighed, og udbrede deres eget ugudelige kram. Desuden gives der intet andet præstedømme end det åndelige, som er fælles for alle kristne, og som Peter her beskriver.

Det samme stadfæster også Kristi egne ord hos Matthæus, Markus og Lukas, når han siger til dem alle ved den sidste nadver: "Gør dette til min ihukommelse!" Dette har han ikke alene sagt til de kronragede og salvede, for ellers måtte heller ikke andre end de modtage Kristi legeme og blod. Men nu består samme ihukommelse slet ikke i andet, end netop i Ordets forkyndelse, som Paulus udlægger det, når han siger: "Hver gang I spiser dette brød og drikker bægeret, skal I forkynde Herrens død, indtil han kommer." (1 Kor 11, 26). Men nu vil det at forkynde Herrens død ikke sige andet, end netop dette, at forkynde den Herres herlighed, der kaldte os fra mørket til sit underfulde lys. Derfor er det dum snak af slynglerne at sige, at apostlenes ord kun angår præstestanden, eller dem som er indviet ved deres narreværk, skønt apostlen her pålægger og forpligter alle og enhver til samme Ordets tjeneste. Det er enhvers ret og pligt at fejre Herrens ihukommelse, så Gud overalt kan blive lovet og prist for sin hellighed. Men ved Herrens ihukommelse forstår apostlen ikke noget sådant, som det offerpræsterne holder i deres mørke afkroge, eller når de blot mumler for sig selv, men derimod Ordets offentlige forvaltning til frelse for tilhørernes sjæle.

Paulus stadfæster dette, når han taler sådan, ikke til enkelte kronragede, men til hele menigheden, og hver kristen i særdeleshed: "Når I kommer sammen, skal den ene have en salme, en anden en belæring, én har en tungetale, en anden har tolkningen." (1 Kor 14, 26). Og lidt senere: "I kan alle komme til at tale profetisk, så alle kan belæres og alle formanes." (v. 31). Vær nu dog så god at sige mig, hvad apostlen mener med ordet "alle"? Mon han alene derved forstår de kronragede? Sådan har vi tilstrækkelig godtgjort, hvad disse skriftsteder på det stærkeste og klareste bevidne, at *Guds Ords forvaltning, som er kirkens vigtigste embede, er fuldstændig ens og fælles for alle kristne.* Ja, det er ikke blot deres *ret*, men også deres *pligt.* Derfor må præstedømmet også nødvendigt være ét og fælles for alle kristne, så mod disse guddommelige kraftsprog gælde alle fædre og kirkeforsamlinger intet, om de så end var flere, end de kunne tælles. Og lige så lidt ligger der nogen magt på gammel slendrian og alverdens vedtægt, som er den løse grund, hvorpå de kronragede slyngler understår sig at bygge deres præstedømme.

Den næste præstegerning er at døbe, en opgave som er så almen, at man i nødstilfælde endog har indrømmet kvinden ret til at døbe, og som nu snart ikke længere regnes for en præstelig gerning. Men enten det behager papisterne eller ikke, så må vi her sætte dem til vægs, og bruge deres egen indrømmelse til bevis for, at alle kristne, kvinderne iberegnet, er præster uden kronragning og uden det præstelige mærke. *For når man døber, udtaler man jo det levende ord, som genføder sjæ*lene, og frelser fra synd og død. *Det har jo uden sammenligning mere at sige, end at velsigne brødet og vinen,* for *at forkynde Guds Ord, er kirkens vigtigste embede.* Når kvinderne derfor døber, forretter de den egentlige præstegerning, og det ikke på en for dem ejendommelig måde, men ved en kirkelig handling, der er almengyldig og offentlig, og alene kan udføres af præster.

Her må man vel undre sig højt over papisternes dumhed og tankeløshed, som de ved denne lejlighed lægge åbenlys for dagen. Dåbshandlingen har de givet alle ret til at udføre og dog forbeholder de sig selv alene præstedømmet, skønt ingen på nogen måde har ret til at døbe, med mindre han er en præst eller har del i præstedømmet. De indrømmer desuden selv, at dåben er det første sakramente, og dog tillader de ikke andre end deres egne præster at betjene det andet sakramente. Men alle sakramenter må jo være lige ærværdige og hellige, fordi de grunder sig på det samme Guds Ord.

Men sagen er den, at de har bragt sig selv i knibe ved deres egen blindhed, da de ikke har syn for *den overstrømmende herlighed, som*

Guds Ord stråler med i dåben. Havde de kun ret fået øje for det, ville de finde, at ingen værdighed på jorden, hverken den præstelige eller den biskoppelige, ja end ikke pavens hellighed er så stor, at den ikke godt kan tillægges enhver, hvem man betror Ordets forvaltning. At kaldes præst, biskop, ja selv pave, må nemlig regnes for småting i sammenligning med at kaldes *tjener for Guds levende og evige Ord, som formår og udretter alt.*

Hele præstevielsen bliver således et latterligt skuespil, navnlig når man betænker, at de ikke regner biskopværdigheden for noget sakramente og heller ikke tillægger den noget særligt mærke, skønt de dog netop herpå begrunder præsteværdighedens og præstevældens forrang. Ikke desto mindre må bispestanden være den fornemste, fordi den meddeler indvielsen og påtrykker præstestemplet. Og dog er standen selv lavere, fordi den mangler indvielse og mærke. Altså meddeler det ringere åbenbart større myndighed, end det selv er i besiddelse af. Skulle de besmykke denne urimelighed, måtte de opdigte en ny adskillelse mellem værdighed og myndighed. Ak, den dumme løgn, som i sig selv er uholdbar, kan og ved jo ikke andet, end at spille med tomme ord. Derved viser Kristus os, hvor slet begrundet alting er i pavens rige, og at det hele er selvmodsigende galskab. Derfor må man heller ikke undres over, at de på samme tid har overdraget dåbens præstelige sakramente til alle, og dog udelukkende har forbeholdt sig selv præstedømmet.

Den tredje opgave består i at indvie og uddele det indviede brød og vinen. Her praler de kronragede af, at sejren er på deres side. Her trodser de rigtig og siger: Denne magt har ingen anden, hverken englene eller jomfruen, Guds moder. Vi vil nu ikke indlade os videre på dette sludder, men siger kun, at også denne opgave er fælles for alle kristne, lige så vel som de andre stykker af præstedømmet. Og vi forlanger ikke, at nogen skal tro os slet og ret på vort ord, men vi grunder det på Herrens ord og udtrykkelige erklæring, når han ved nadveren siger: ”Gør dette til min ihukommelse”! For også de kronragede præster indrømmer, at Kristus ved disse ord har skabt præster, og, givet dem fuldmagt til at velsigne.

Men nu har han talt disse ord til alle sine, såvel til dem, som dengang var nærværende, og spiste og drak af brødet og vinen, som også til alle dem, der senere hen i tiden måtte komme til at spise og drikke deraf. Heraf følger da, at den fuldmagt, som her gives, er givet til dem alle. Herimod har de andre intet andet at sætte, end fædrene, kirkeforsamlingerne, og den lange vedtægt, samt deres allerypperste trosartikel, der lyder sådan: "Vi har de fleste på vores side, og vi har sådan skik, derfor må det være sandt og sikkert." Endnu kunne vi som vidne fremføre et Paulus' ord: "Jeg har modtaget fra Herren og også overleveret til jer." (1 Kor 11, 23). Paulus taler også her til alle korintherne, og stiller dem alle lige, det vil sige indvier dem til præster med fuldmagt til at indvie nadveren. Men papisterne kan ikke se Guds Ords herlighed for en stor bjælke i deres eget øje og de falder i forundring over, hvordan brødets og vinens væsen kan blive forvandlet til Kristi legeme og blod. Men så sig mig dog, min bedste, *hvad er denne magt til at velsigne vin og brød at regne for, i sammenligning med fuldmagten til at døbe og forkynde Guds Ord?* En kvinde døber og prædiker livets ord, hvorved synder udslettes, hvorved den evige død ophæves, hvorved denne verdens fyrste uddrives, hvorved Himlen gives i arv og eje, kort sagt hvorved hele den guddommelige majestæt meddeler sig til sjælen. Men hvilke mirakler gør nu præsten? Han forvandler brødet! Hvormed? Ikke med noget andet ord, heller ikke med noget større og kraftigere. Hvad følger så på brødets forvandling? Slet ikke andet, end at præsten bliver bange for sig selv, og falder i forundring over den høje værdighed og kraft, han er kommet i besiddelse af. Kalder man ikke dette, at gøre en myg til en elefant? Derfor har også alle de, som ringeagter Ordets kraft, fortjent at sidde ene på forundringsstolen.

Her ser vi da også, hvorfor evangelisterne og apostlene omtaler dette sakramente så sjælden, at mange ønsker, at de havde talt langt mere derom, hvorimod de ved alle lejligheder indskærper og fremhæver Ordets tjeneste så indtrængende og hyppigt, at man ofte kan synes, at det er for meget. Det er helt sikkert sket, fordi Helligånden godt har set, at de kronragede tosser ville komme frem med deres bagvendte afguderi, at de ville drage hjertet bort fra det kraftige sandhedsord, og kaste sig over den døde forvandling af brød og vin, og hele deres liv igennem klynge sig fast ved det synlige og håndgribelige, og derfor foragte det vidunderlige lys, som vi er kaldet til. Selv om der da slet ikke forelå vidnesbyrd af Skriften, så var det dog både vist og sandt, at hvis det største, nemlig Ordet og dåben, er overdraget alle, så kan det mindre, nemlig at forvalte nadveren, ikke med rette nægtes dem. Kristus gør jo også selv denne slutning: "Livet er mere end maden, og legemet mere end klæderne." (Matt 6, 25). Det er det samme som at sige: Hvem Gud skænker det største, vil han også unde det ringere.

Den fjerde præstegerning består i at afløse og binde med hensyn til synder. Ikke nok med at de udelukkende har forbeholdt sig selv denne myndighed, og gjort forkert brug af den, de har tillige trukket ordene ved håret, som om hele den lovgivende magt alene tilkom dem. *Ordet "binde"* forklarer de sådan, at det får betydning af at give love, byde og forbyde, hvilket med skam at sige er præcis, hvad de gør, for det må man rigtignok sige er at binde samvittigheder. Men hvor samvittighederne utilbørligt bindes, er det idel løgn og bedrag, som når de har forbudt præsteskabet at gifte sig, eller at smage den mad, som Gud har skabt og bestemt til føde for os. Omvendt forklare de ordet "løse", om at tage penge for at dispensere, eller ophæve deres egne dårlige love, som de tidligere uretmæssigt har skaffet folk på halsen. De narrer altså først samvittighederne til at lade sig binde, for siden at narre dem til at købe sig fri. For resten gør de også brug af denne magt til at løse og binde i skriftestolen og ved bandsættelse, men det er også en fordømt og aldeles uberettiget misbrug.

Ved dette tyveri og ugudelige tilsnigelse af menighedens myndighed har de drevet det til, at *nøgleembedet* intetsteds findes i mindre grad, end hos dem, skønt de rigtignok ved alle lejligheder praler af, at de har nøglen i forvaring. Men de lukke hverken Himlen op eller i for samvittighederne, de lukke kun op for alverdens pengeposer, hvorimod vi alle, så mange af os som er kristne, har lige adkomst til nøgleembedet, hvilket jeg ofte har forsvaret og begrundet i mine skrifter mod paven. Sådan lyder Kristi ord jo nemlig, som han ikke blot har talt til apostlene, men *til alle kristne*: "Hvis din broder forsynder sig imod dig, så gå hen til ham og drag ham til ansvar på tomandshånd. Hører han dig, så har du vundet din broder. Hører han dig ikke, så tag én eller to med dig, for på to eller tre vidners udsagn skal enhver sag afgøres. Hører han heller ikke dem, så sig det til menigheden, og vil han ikke engang høre efter menigheden, skal han i dine øjne være som en hedning og en tolder. Sandelig siger jeg jer: Hvad I binder på jorden, skal være bundet i himlen, og hvad I løser på jorden, skal være løst i himlen." (Matt 18, 15-18).

Her agter jeg ikke på gøglernes falske kunster, når de ved dette skriftsted opdigter denne forskel, at den retmæssige adkomst til kirkenøglen er én ting, og brugen af den et andet, for det gør de på deres egen hånd uden medhold i Skriften. De burde bevise deres påstande med gode grunde, men de bærer sig her ad som overalt; i stedet for først at bevise eller gøre det sandsynligt, at der var dem overdraget en anden myndighed, end den, der er fælles for hele menigheden, så forudsætter de påstanden som givet og bevist, og slutter sig så videre til deres opdigtede sondring og løgn. De siger: *Nøglemagten tilhører rigtignok menigheden, men brugen tilkommer biskopperne.* Dette kalder man løs snak, der slår sig selv på munden. Kristus overdrager uimodsigeligt alle kristne både nøglemagten og dens anvendelse, når han siger: "Han skal i dine øjne være som en hedning." Hvad mener Kristus med "dine øjne"? Hvem er det rettet til? Er det måske paven? Nej, han tiltaler alle kristne uden forskel. Når han derfor siger: "i dine øjne", så overdrager han ikke blot en myndighed, giver ikke blot en tilladelse, men byder og befaler tillige vedkommende, at gøre *brug og anvendelse af* denne myndighed. For disse ord: "Han skal i dine øjne være som en hedning," vil jo sige det samme som: Du må ikke bo sammen med ham, du må ikke have noget fællesskab med ham! Og det er jo i virkelighed ensbetydende med at lyse ham i band, at tillukke Himlen for ham.

Det bekræftes også af de følgende ord: "Hvad I binder på jorden, skal være bundet i himlen." Hvem omfatter disse ord? Angår de ikke alle kristne? Angår de ikke den kristne menighed? Siger man, at det ikke er brugen af, men kun retten til kirkenøglen, som han her har givet menigheden, så siger vi, at han slet ikke har overgivet nogen brugen af kirkenøglen, ikke engang Peter; for ordene lyder overalt ens på de steder, hvor Kristus overdrager denne myndighed. Den samme betydning, som man giver ordene på ét sted og til én person, må man give dem alle vegne; og omvendt, lader man på ét sted ordene betyde overdragelse af brugen, så må man også på alle andre steder lægge denne betydning i dem. For hvor Guds Ord forekommer enslydende, er det uforsvarligt at udlægge dem anderledes end på samme måde, ellers bespotter man Guds hemmeligheder ved eget hjernespind, som disse vindmagere understår sig at gøre.

Derfor er denne løgn heller ikke af menneskelig oprindelse. Nøglemagten tilhører nemlig hele menigheden, alle kristne tilsammen så vel som hvert enkelt lem på menigheden, og det ikke blot som myndighed betragtet, men også med hensyn til brugen. Ja, i enhver henseende, som kan nævnes. Ellers måtte vi bruge vold mod Kristi ord, for han taler åbenlyst til enhver især, når han siger: "i *dine* øjne", eller "så har *du* vundet din broder." Ligesom jeg også vil anføre for min påstand det ord, som Kristus henvender særligt til Peter: "Jeg vil give dig nøglerne til Himmeriget" (Matt 16, 19), og fremdeles: "Alt, hvad to af jer her på jorden bliver enige om," og: "Hvor to eller tre er forsamlet i mit navn, dér er jeg midt iblandt dem." (Matt 18, 19-20). I disse skriftsteder overdrages og indrømmes åbenlyst den mest fuldstændige ret og mest udstrakte brug af nøgleembedet. Med mindre vi ville frakende Kristus selv ret til og brug af kirkenøglen, når han er sammen med to eller tre. Disse skriftsteder har jeg udførligt gennemgået ved andre lejligheder. Tillige har jeg ovenfor påvist, at Ordets forvaltning er fælles for alle, og *at løse og binde vil slet ikke sige andet, end at prædike evangeliet og bringe det i anvendelse.* For at "løse", hvad vil det vel sige andet, end at forkynde, at synderne er forladte af Gud, og at "binde", hvad vil det sige andet, end at borttage evangeliet, og forkynde, at synderne ikke er forladt? Enten de andre så giver os lov eller ikke, så erklærer vi nøgleembedet for fælles ejendom, da det slet ikke består i andet, end i Ordets *anvendelse og overførelse på et bestemt tilfælde.*

Dog, vi behøver ikke at strides længe om erobringen af denne myndighed, når vi kender Kristus. Det er ingen hemmelighed længere, at papisterne mangler al kendskab til Kristus, at de er fuldstændig ukendte med troen og evangeliet. Men hvor kundskab om Kristus og troen mangler, véd man heller ikke, hvad der er synd for Gud. Deres blindhed og vantro tvinger dem, som Esajas siger, til at kalde det gode ondt og det onde godt, og vende op og ned på alt. Men hvor man hverken véd besked med synd eller med hellighed, er det en umulighed, at man kan enten løse eller binde. Heraf følger nu, at når vi ville følge sandheden i dette stykke, og holde os til Kristi indstiftelse, så hverken er eller kan nøgleembedet være hos papisterne og deres kronragede offerpræster, så længe de fremturer i deres løgn, selv om de virkelig var præster, og alene havde adkomst til dette embede, eller havde fået fuldmagten ved deres indvielse. Hvor i alverden kan et menneske binde, så længe han ikke véd, hvad han skal binde? Derfor er også følgen af deres rasende blindhed den, at de lukker Himlen og åbner Helvede for dem selv og deres egne, så de nu om stunder fordømmer og forbyder evangeliet, og hæver deres egne påfund skyerne, og på egen hånd giver afløsning. Ved denne grove forvanskning og ugudelige misbrug har de på én gang mistet både nøglemagten og dens anvendelse.

Den femte præstelige opgave består i at ofre. Her forstå disse fuldsnuder fra Efraim, som profeten kalder dem, rigtig at prale, og ved denne gerning har de selv skilt sig fra os. De har gjort hele verden rasende afsindig, skønt hele deres forvandling af nadveren til et offer alene grunder sig på plump og håndgribelig løgn. Men da vi tidligere har talt herom, vil vi her ikke spilde mange ord på det. Men vi beråber os på Det Nye Testamentes vidnesbyrd, og erklærer, Djævelen til trods, at der i Det Nye Testamente ikke er tale om noget andet offer, end det *ene*, som gælder over hele verden. Det er det, Paulus sigter til i Rom 12, 1, når han lærer os, hvordan *vi skal ofre vort legeme ved at korsfæste kødet*, ligesom Kristus for vor skyld har ofret sit legeme på korset. I dette offer samler Paulus både takofret og bønofret, på samme måde som Peter i 1 Pet 2, 5, når han befaler os ved Kristus at bringe åndelige, gudvelbehagelige, ofre, det vil sige, at ofre os selv, og hverken Gud eller slagtekvæg.

Hvad de derfor gør så stor blæst af som et ganske overordentligt offer, det er ganske vist et overordentligt offer, ja kronen på hele deres præstevæsen, men det er tillige af den beskaffenhed, at enhver oprigtig kristen ingen del skal og tør have i det, men endog må fordømme det som gudsbespottelse og afguderi af allerværste slags. Vi må derfor på det omhyggeligste undgå enhver berøring dermed som en pest, lige meget hvor tykt de smøre på og prale af, at det er gammel vedtægt, og at det har den brede befolknings bifald. Men man farer lige godt vild, selv om man også har stort følge. Også den, der brænder sammen med andre, går op i røg.

Derfor skal vi stå stejlt og fast på, at der *i kirken kun er tale om én eneste slags offer, nemlig vore egne personer.* Men da der nu ikke skal bringes andre ofre, end det ene, som slagtes og beredes ved Guds Ord, og Ordet som sagt er fælles gods, så følger heraf, at der kun kan være tale om én slags offer over det hele. Men da der nu, som Peter siger, kun gives *åndelige ofre* i menigheden, det vil sige sådanne, som bliver ofret i ånd og sandhed, så er de umuligt, at de kan bringes af andre, end af dem, der selv er åndelig, det vil sige af *en kristen,* af en som har Kristi Ånd. Men papisterne har nu deres fornøjelse af at blive ved at skråle på, at deres offer meget godt kan bringes af lastefulde mennesker, ikke at tale om, at der slet ikke spørges, om de er åndelige. De påstå nemlig, at deres offer *af sig selv, ved den blotte handling,* er Gud velbehageligt, *uden hensyn til personen, som bringer det (opere operati, non operantis).* Ved denne deres egen erklæring er disse gruelige gudsbespottere grebet i, at vil lære Gud til at antage Kains offer nådigt, selv om han ikke fandt behag i Kain. De praler jo af, at deres offer er noget i sig selv fortjenstligt, selv om det bringes af en vederstyggelig og fordømt person. Og det skønt aldeles intet i menigheden kan tækkes Gud, med mindre mennesket først som Abel har hans velbehag; men velbehagelig bliver man alene ved troen og Ånden, og derimod ikke ved offer. Da de nu selv må tilstå, at størstedelen af deres offerpræster er åndløse, og dog ingen i menigheden kan bringe Gud offer uden i ånden, så er det indlysende, at deres offer ikke er menighedens offer, men derimod menneskers løgnagtige påfund.

Den sjette opgave består i at bede for andre. En skam er det at fortælle, hvor ublu og forargeligt disse hyklere har bedraget alverden med deres forbønner, og i dette dermed har forvandlet den ægte kirke til en opdigtet synagoge. Men nu har Kristus overgivet alle kristne uden undtagelse en bestemt daglig bøn, som er et tilstrækkeligt og uomstødeligt bevis for, at der kun er én slags præstedømme, som er fælles for alle. Det papistiske præstedømme er derimod den sorteste løgn, opspundet uden for kirken, og indsmuglet med mageløs ondskab. Da forbøn er, på en andens vegne at træde frem som mægler for Gud, som alene tilkommer Kristus, men desuden er pålagt alle hans brødre i bønnen, *så har vi visselig alle sammen befaling om at øve denne præstelige opgave.* Selv papisterne erklærer det jo for en præstelig handling, når de beder for andre lægmænd, skønt deres plapperi er filisteragtig afgudsdyrkelse, slem vinding, røgelse for den eneste Gud de kender, nemlig deres egen bug.

Nu er det vistnok ikke let at afgøre, enten det er dumhed eller ugudelighed af disse kalkede grave, at de uden at kende kraften og betydningen af Herrens bøn, først erklære den for en almindelig bøn for alle, og dernæst tilegner sig selv og forbyder alle andre retten til at holde bøn, fordi det er en præstelig opgave. Men når man fremfører sådanne ord: "Kun vi er præster, I er lægfolk", da har man jo dermed sagt: "kun vi er kristne, kun vi må bede, I er hedninger, og kan ikke bede, I kan alene blive hjulpet ved vore bønner". Siger man derimod: "I har også ret til at bede ligeså fuldt som os", da har man med det samme sagt: "I er også Kristi præster og brødre, som har tilladelse til at træde frem på hinandens vegne i bønnen".

Men Gud har forstået at ramme disse bønneremsere med sin hævn. For da de har tilegnet sig eneretten til at gå i forbøn for folket, er det ved Guds underlige styrelse blevet til et latterligt skuespil. De har holdt Gud og mennesker så længe for nar, at de nu selv er blevet til grin med deres løgne. Hvor hører man virkelige bønner omkring i de uendelig mange stiftelser, klostre og sognekirker? Nej de remser kun ordene op.

De drømmer rigtignok om, at de har davidsharpen i forvaring, som Esajas siger, men det er plapperi det hele, så det må hedde om dem: "Dette folk dyrker mig med munden og ærer mig med læberne, men deres hjerte er langt borte fra mig." (Es 29, 13).

Derfor kan man støde på mange blandt dem, som i fyrre år eller hele deres levetid igennem har opremset Trosbekendelsens hellige ord, uden en eneste gang at have bedt virkelig til Gud, end kun et øjeblik. Og denne vederstyggelighed skal skattes så højt at man holder dem for præster, og kalder dem højærværdigheder, og bygger dem store kirkehuse, som vi anvender stor bekostning på og pålægger alverdens kongeriger skat og afgifter. Vi er endt med at lukke munden på alle virkelige præster og forbedere hos Gud, for at disse knægte kan bede for dem, skønt Gud vist næppe engang agter dem værdige til at lignes ved de hedninger, som venter bønhørelse på grund af deres mange ord. Men disse tænker, som Kristus siger, slet ikke på, at der til bøn hører bønhørelse. Hvordan kan de da vente den? Nej, de remser og plaprer på ingen måde i håb om bønhørelse, men kun for at ære Gud med læberne. Tillige for ved deres hundekunster at trælle penge fra folk, og fylde deres vom. Ikke desto mindre er de ifølge pavelig magtfuldkommenhed Guds præster – ja, Satans præster, for han er denne verdens Gud. Når de da beder for os, er det i grunden det samme som at opægge den eneste sande Guds vrede imod os.

Lad os derfor høre, hvad den rette dommer og mægler, nemlig Kristus, siger i denne sag: "Gud er ånd, og de, som tilbeder ham, skal tilbede i ånd og sandhed. For det er sådanne tilbedere, Faderen vil have." (Joh 4, 23-24). Derimod ikke dem, som løber til Garizims bjerg eller til Jerusalem for at dyrke ham. Her har vi en kendelse og afgørende dom af den guddommelige majestæt. Så længe der ikke kan rokkes ved den, har det ingen nød med os. Derfor erklærer vi frit og frejdigt i Guds navn, at paven og hans slæng ganske rigtig har et præstedømme for dem selv, og på en ganske ejendommelig måde holder bøn for alle kristne, men rigtignok ikke som præster og forbedere, men derimod som skuespillere og afgudsdyrkere. Det vil sige, de drømmer, at de leger præster og forbedere, som alle kristne er, for ligesom kun de alene i ånden råber: "Abba hjerteelskede fader!" sådan er de også de eneste forbedere og de eneste præster.

Den syvende og sidste opgave består i at undersøge og bedømme enhver lærdom. Sandelig, disse skinpræster og navnkristne har haft gyldig grund til at forbeholde sig denne bestilling; for de har dog været kloge nok til at indse, at lod de menigheden beholde denne rettighed, så måtte de snart ud med alle tyvekosterne. Men har man først berøvet tilhørerne ret til at bedømme læren, hvad forhindrer eller afskrækker da en doktor eller underviser fra at komme med det værste skidt, ja fra at være endnu værre end Djævelen, hvis det var muligt? Indrømmer og anbefaler man derimod tilhørerne retten til at bedømme, hvad utilbørligt kan eller tør da en lærer tillade sig at sige, selv om han var mere end en engel fra Himlen? Havde man kun undt os denne frihed, da ville ikke blot en Paulus have irettesat en Peter, men da havde man også dømt englene. Da ville uden tvivl også paverne og kirkeforsamlingerne har vejet deres ord omhyggeligere, og været mere forsigtige med at give love om præstedømmet, prædikeembedet og de andre menighedsanliggender, som dåb, velsignelse, band, forbøn og bedømmelse af ånderne, hvis de kun selv havde været nødte til at frygte menighedens dom og kendelse. Ja, der var aldrig i al evighed opstået noget papisteri, hvis menighedens stemme var blevet hørt. Derfor vidste de nok, hvad de gjorde, da de forbeholdt sig dette stykke for deres egen mund. Men det har de kun formået at håndhæve, indtil Guds vrede, som Daniel siger, havde fyldt sit mål. "Nu skal den lovløse åbenbares; ham skal Herren Jesus dræbe med sin munds ånde og tilintetgøre, når han kommer synligt." (2 Thess 2, 8). Her finder Kristi ord i Joh 10, 27 til deres anvendelse: "Mine får hører min røst, og jeg kender dem, og de følger mig." Og Matt 7, 15: "Tag jer i agt for de falske profeter. Og Matt 16, 6: "Se til, at I tager jer i agt for farisæernes surdej." Og Matt 23, 2-3: "De skriftkloge og farisæerne sidder på Moses' stol. Alt det, de siger til jer, skal I derfor gøre og overholde, men I skal ikke gøre, som de gør." Disse og mange andre steder i evangeliet og hele Skriften formaner os til, ikke at fæste lid til falske lærere. Hvad lærer Kristus os da derved andet, end at enhver sjæl selv skal vogte sin salighed og værne om sin frelse ved at være sig fuldstændigt og selvstændigt bevidst, hvad han skal tro, og hvem han skal følge? Han skal med frihed og indsigt bedømme enhver, der vil give ham undervisning, mens han i hjertet alene lader sig belære af Gud, Joh 6, 45. For du bliver hverken frelst eller fordømt på grund af en andens lærdom, den være sig for resten så rigtig eller falsk som den være vil, men du bliver *alene frelst ved din egen tro.* Mennesker må lære og prædike, som de vil, din sag, ja din salighedssag, er det at prøve din egen tro.

Men Paulus har rigtig fanget disse karle i deres egen borg, og frataget dem alle deres våben, når han i 1 Kor 14, 30 siger: "Får en anden, som sidder der, en åbenbaring, skal den første tie stille." Og videre i v. 32: Profeters ånder underordner sig under profeter" Og i v. 31: I kan alle komme til at tale profetisk." Hvad er så det for noget vrøvl, som paven og hans slæng i lange tider har udkrammet deres varer med, når det hedder: "Det er vor vilje og strenge befaling!" eller: "Den romerske kirke er dronningen over alle kirker, og rettesnor for troen!" Nu vel, lad hende sidde og brede sig på lærestolen, men derfor har hun ikke ret til at lukke munden på os andre, når nogen i forsamlingen får en åbenbaring. Hun skal ikke udelukkende profetere, alle vi andre har også ret dertil, den ene efter dem anden. Kunne Paulus irettesætte og straffe Peter, da han hyklede, eller levede anderledes end han troede, hvor meget mere kan vi da ikke tage os den frihed at dømme og bedømme den romerske kirke. Den er fuld af hykleri fra hoved til hale, og er slet ikke bygget og grundet på andet, end på lutter skinhellighed! Men lad os her engang betragte, hvor snildt disse vindmagere lægger deres planer, hvilken slem selvmodsigelse de har indviklet sig i ved at stride mod Gud og mod dem, der hører ham til. Vi tror nemlig virkelig, at de indbilder sig at være, eller vi ser i hvert fald, at de udgiver sig for at være, alle kristnes lærere og hyrder. Men nu er det min ringe mening, at de må indrømme, at *en kristen er et menneske, som har Helligånden,* og at denne Ånd efter Kristi egne ord, underviser os om alt, som Johannes også siger: "Hans salve lærer jer alt." (1 Joh 2, 27). Det vil med ét ord sige, at en kristen skal være så fast overbevist om, hvad han skal tro og ikke skal tro på, at han vil dør derpå eller i det mindste

44

er rede til at dø derpå. Nu beder jeg, er det ikke en mageløs, frækhed af papisterne, at de understår sig at stikke næsen i sky og sige: "Lægfolk skulle tro os, og ikke sig selv!" Hvad er dette i grunden andet, end rent ud at sige: Vi indrømme rigtignok, at de kristne har Helligånden, som giver dem vished om, hvad de skulle tro eller ikke tro, men da Helligånden ikke kan måle sig med os, og vi er bedre underrettet, så skal Helligånden være os undergivet og smukt adlyde os!

Men grunden til at de udelukkende har forbeholdt sig selv mesterskabet er den, at når de ikke behøvede at frygte for, at nogen turde sige dem imod, så kunne de lære og prædike, hvad de selv ville. Da de først havde opnået dette, var det dem en let sag at tilrane sig al magten både i guddommelige og menneskelige anliggender og således endte de med at blive vore guder. Men nu hedder det tværtimod: "Kun én er jeres mester, og I er alle brødre." (Matt 23, 8). Derfor er vi alle lige, og har samme ret, for det sømmer sig jo ikke for brødre, der udgør ét samfund, at trættes om rangen, eller snyde hinanden for arven, eller gøre forskel på rettigheder, navnlig i åndelige anliggender, som der er tale om her. Derfor er også dommerembedet, lige så vel som enhver, af de ovennævnte opgaver, af den beskaffenhed, at vi ikke alene har lov til at tilbageerobre vor tabte ret, men vi fornægter ligefrem Kristus som vor broder, hvis vi ikke gør det. Her er talen ikke om noget vilkårligt eller tilladeligt, men om hvad der er befalet og nødvendigt. *Derfor bliver også ganske vist enhver forbandet, som samtykker i pavens nederdrægtighed, og omvendt skal enhver velsignes, der skyr ham ved et kristeligt kirkebrud.*

Hvad der hidtil er sagt, angår imidlertid alene alle kristnes fælles rettigheder og myndighed. Alle de i det foregående opregnede præstelige opgaver er fælles ejendom, som vi har bevist. *Derfor er det usømmeligt, hvis den ene ville ophøje sig over den anden, og tilegne sig som sit eget, hvad der tilhører os alle.* Enhver kan frit indtræde i sine rettigheders og bringe dem i udførelse, hvis han ikke lever sammen med andre, der er i besiddelse af samme ret. Men samfundets regler kræver, at en, eller så mange som menigheden finder tjenligst, *udvælges og antages* til i alles ligeberettigede navn at bestride alle *offentlige* opgaver. Derved undgår man, at der opstår en gruelig forvirring i Guds folk, så kirken blev forvandlet til et Babel. Apostlen har befalet, at alt skal gå ordentligt og anstændigt til. Én ting er det nemlig, at en enkelt person på menighedens befaling udøver en fælles rettighed, noget andet derimod, at enhver *i nødstilfælde* selv gør brug af sin ret. *I en offentlig menighed skal ingen uden hele menighedens samtykke og stemme bringe sin ret i udøvelse, men i nødstilfælde står det enhver fuldkommen frit.*

Lad os nu tale et ord med de papistiske offerpræster, og bede dem om at sige os, om deres præstedømme indeholder flere bestanddele, end de ovennævnte stykker. Hvis det er tilfældet, er det intet kristeligt præstedømme, men tæller det ikke flere rettigheder, så kan det umuligt være et for dem særligt. Hvordan de så end drejer og vender sig, gør vi derfor denne slutning, at enten har de slet intet præstedømme, eller også har de et, som er fælles for alle kristne. Har de et for dem selv, så det være Satans eget. Kristus har nemlig lært os, at vi skal kende alle træer på frugterne. Frugterne af vort almindelige præstedømme har vi jo nu set, lader dem derfor enten opvise andre frugter, eller tilstå, at de slet ikke er præster. Fordi man på andres vegne bærer frugterne offentligt til skue, derfor har man ikke bevist, at præstedømmet er forskelligt, men kun at brugen er forskellig. Vil de derimod forsvare deres præstedømme ved alene at påberåbe sig kronragning og smørelse og præstekjole, da må man tilstå dem, at de tager til takke med lidt. Vi ved jo, at både en so og en træklods kan blive kronraget og indsmurt og iført en kjole.

Vi stå derimod fast på, at der intet andet Guds Ord gives, end det, som *alle kristne er forpligtede til at forkynde*; at der ikke gives nogen anden dåb end den, som alle kristne kan meddele; at der ikke gives noget andet ihukommelsesmåltid ved Herrens bord, end det, som enhver kristen efter Herrens egen indstiftelse kan være med til; at der ikke gives andre slags synder, end dem, som enhver kristen har fuldmagt til at løse og binde; at ingen kan eller må gå i forbøn, uden de kristne alene; og endelig, at kun den kristne skal bedømme ånderne. Men heri indbefattes jo alle de præstelige og kongelige opgaver. Lad

46

derfor papisterne enten bevise os, at der hører andre opgaver til præstedømmet, eller også må de opgive deres præstedømme og slippe byttet. Derimod besværer vi os aldeles ikke over, at de nu så længe har nægtet os salvelse og kronragning og præsteklæder og andre menneskelige vedtægter, som overtro har fremavlet, selv om en engel fra Himlen havde givet dem det. Dette er os aldeles ligegyldigt, da det kun er gammel skik og flertallets dumme indbildning, skønt det rigtignok nu om stunder står i høj anseelse.

Af alt dette fremgår nu efter min mening tydeligt nok, at de som betjener menigheden ved nadveren og Ordets prædiken, ikke må og ikke skal kalde sig præster. At man kalder dem præster er nemlig enten en levning fra hedenskab eller en misforståelse af Moseloven. Desuden har navnets overførelse på kirkelig grund voldt umådelig skade. Derimod måtte de langt hellere efter Det Nye Testamentes sprogbrug kaldes tjenere, diakoner, tilsynsmænd, uddelere, eller på grund af deres alder: "ældste". Paulus siger nemlig i 1 Kor 4, 1: "Sådan skal man betragte os: som Kristi tjenere og som forvaltere af Guds hemmeligheder." Han siger netop ikke: "Man skal betragte os som Kristi præster." Han vidste nemlig godt, at præstenavnet og præstedømmet var fælles for alle. Herfra stammer det hyppigt brugte udtryk hos Paulus "uddeler" (dispensatio) eller "forvalter" (økonomia), tjeneste, tjener, træl (ministerium, minister, servus). Han roser sig ikke sig af standen eller rangen, retten eller værdigheden, men af opgaven og tjenesten, og lader derimod menigheden beholde selve præstedømmets rettighed og værdighed.

Men er de slet og ret tjenere, da går deres uudslettelige præstemærke tabt og deres evige præsteværdighed er ikke andet end opspind. Man kan nemlig udmærket afsætte en tjener, hvis han ophører med at være tro, hvorimod man kan beholde ham i tjenesten, så længe han opfører sig godt, og menigheden er tilfreds med ham, ligesom med en verdslig tjener, der er forvalter for ligeberettigede medborgere. Ja man skal langt snarere afsætte en tjener i et åndeligt end i et verdsligt anliggende, eftersom hans utroskab er langt mere fordærveligt end den andens, der kun kan volde skabe på timeligt gods. Den anden forøder og forspilder derimod de evige goder. Når en åndelig tjener opfører sig som en skurk, er det derfor de andre brødres pligt at udvise ham af menigheden, eller lyse ham i band, og at indsætte en anden i hans sted.

På denne måde, og ved at støtte os til Skriften, (hvis Guds Ord står til troende), kan der rådes bod på den usalige jammer, der hidtil har kuet Bøhmen, så man næsten er kommet til tiggerstaven, og har måttet døje de kronragede præster og alleruværdigste æsler. Her ser vi nemlig soleklart og håndgribeligt, hvorfra man skal forsyne sig med Ordets tjenere. Man skal nemlig tage dem af Kristi hjord, og ellers intetsteds fra. Nu er det jo nemlig tilstrækkeligt påvist, at enhver har ret til at tjene med Ordet, ja at det er enhvers pligt at gøre det, når han enten ser, at ingen anden er til stede, eller at de tilstedeværende fører falsk lærdom. Det fastslår Paulus udtrykkelig i 1 Kor 14, 29, for at Guds herlighed kan blive forkyndt os alle. Hvor meget snarere må da ikke en hel menighed har ret til og være forpligtet til ved almindelig valg at overdrage denne tjeneste til en eller flere, hvem man tillige samtykker i at overdrage udøvelsen af menighedens øvrige anliggender. Sådan bærer også Paulus sig ad, når han i 2 Tim 2, 2 siger: "Hvad du har hørt af mig i mange vidners nærværelse, skal du betro pålidelige mennesker, som vil være duelige til også at undervise andre." Her overspringer Paulus alle ophævelser med kronragning og indsmøring. Han taler heller ikke et ord om indvielse, ser alene på dygtighed i at undervise, og vil alene have Ordet overdraget til dem. Men når nogen får fuldmagt til at betjene Ordet, så blive med det samme alle de opgaver overdraget ham, som i kirken alene kan besørges i kraft af Ordet, nemlig ret til at døbe, at velsigne, at holde bøn, at dømme og bedømme. For *at prædike evangeliet er det vigtigste af alle kirkens embeder*, ja det er det ægte apostoliske embede, som bærer alle de andre, der må være grundede herpå, som den gave at kunne belære, profetere, forestå helbredelse, og de andre nådegaver, som Paulus opregner i 1 Kor 12, 28. Kristus har jo også som oftest indskrænket sig til at prædike evangeliet, da den vigtigste opgave navnlig tilkom ham som den ypperste, hvorimod han ikke døbte. Paulus roser sig også af, at han ikke blev udnævnt til at døbe, som er en lavere opgave, der først følger senere efter. Han

48

blev derimod udsendt for at prædike evangeliet, som er det vigtigste.

Den førnævnte fremstilling af menighedens valgret fremgår desuden med nødvendighed af trangen, og anbefaler sig ved at stemme overens med troens almindelige væsen. For da kirken fødes og vokser, opholdes og styrkes ved Ordet, så er det klart, at den ikke kan undvære Ordet. Er Ordet derfor forsvundet, så er det et tegn på, at kirken er ophørt at være til og må synke i graven. Videre, da enhver i dåben er en født Ordets tjener, og hverken paver eller biskopper ville sætte nogen til at betjene, men kun til at udrydde Ordet og ødelægge kirken, så følger heraf at enten må vi se på, at kirken lægges øde uden Ordet eller også må vi træde sammen og ved afstemning udvælge en eller flere af vor midte, som det er nødvendigt, som dertil er skikkede. Derpå skal vi indsætte dem i menigheden, og i dens påsyn stadfæste deres kaldelse under bøn ved håndspålæggelse. Når dette er sket, skal man anerkende dem som rette biskopper og Ordets tjenere, og som sådanne holde dem i agt. Vi må tro fuldt og fast, at alt hvad der således er foretaget i enighed ved almindelig afstemning af de troende, som kender og bekender evangeliet, er en Guds gerning og skyldes ham.

Ja, hvis de førnævnte grunde skulle findes utilstrækkelige, så måtte vi dog finde opmuntring og sikkerhed nok i disse Herrens ord i Matt 18, 19-20: "Alt, hvad to af jer her på jorden bliver enige om at bede om, det skal de få af min himmelske fader. For hvor to eller tre er forsamlet i mit navn, dér er jeg midt iblandt dem." Når nu to eller tres enige vilje formår alt i Herrens navn, og Kristus tillægget sig selv æren for, hvad de udretter, skulle vi da ikke meget snarere tro, at det er en Guds gerning, som han understøtter og medvirker til, når vi i hans navn kommer sammen og holder bøn, for derpå af vor egen midte at udvælge alle biskopper og Ordets tjenere? Og det så meget mere, som vi fra begyndelsen af *i dåben er født og kaldet til dette embede*, så der i og for sig ingen valghandling fordres.

Ønsker vi nu, at se eksempler herpå, så læser vi i Apostlenes Gerninger 18, 24, at Apollo uden ydre kald og indvielse ankom til Efesos, og prædikede alene af overstrømmende, glødende kærlighed. Ja, han bragte endog jøderne til at forstumme ganske. Må jeg nu være så fri at spørge, med hvad ret han har dristet sig til at gøre brug af Ordets tjeneste? Han har ikke benyttet sig af større frihed, end *den hvortil alle kristne bestandig har åben adkomst* ifølge 1 Kor 14, 30: "Får en anden, som sidder der, en åbenbaring, skal den første tie stille." Eller som Peter siger i 1 Pet 2, 9: "I skal forkynde hans guddomsmagt." Samme Apollo blev endog senere missionær uden nogen videre indvielse eller beskikkelse, og han besørgede ikke blot en prædikants gerning, men gjorde også megen nytte blandt dem, der allerede var kommet til tro. Det samme er også enhver kristen forpligtet til at gøre, så snart han ser, at der er svære tider for Ordet, og han føler sig skikket dertil, selv om ingen menighed så lige har begæret hans tjeneste. Langt mere gælder dette da for det tilfælde, at han bliver opfordret og udvalgt af ligeberettigede brødre, og af en hel menighed.

Et andet eksempel har vi i Stefanus og Filip, der alene var beskikkede til at tjene ved bordene. Ikke desto mindre gjorde Stefanus store undere blandt folket, og debatterede med synagogen, og overvandt jødernes menighed med Åndens våben, nemlig Ordet. På samme måde tog også Filip sig samme frihed, da han omvendte samaritanerne, og rejste frem og tilbage mellem Ashdod og Cæsarea. Kære, hvad berettigede dem hertil? Med hvilken fuldmagt gjorde de dette? De var sikkert hverken anmodede eller udvalgte af nogen hertil, men de har handlet af egen drift og ifølge almindelig berettigelse, da lejligheden tilbød sig og de så, at befolkningen savnede Ordet, og at der var behov for dets tjeneste. Hvor langt snarere måtte de da ikke har gjort det, hvis de af flere eller af en hel menighed havde været opfordret og udvalgt til det? Og er nu en hedning, der blev omvendt af Filip, at betragte som *en ægte kristen*, hvilket han ganske bestemt må antages for, så har han vel også undervist andre i Guds Ord. Han havde jo også befaling om at forkynde hans herlighed, der har kaldet os fra mørket til sit underfulde lys. Og er dette tilfældet, så må også mange være kommet til tro på grund af Ordet, for Guds Ord vender ikke tomt tilbage. Af denne tro er der nu fremstået en menighed, og denne menighed har så ved Ordet modtaget og gjort brug af retten til at døbe prædike og udføre alle de tidligere nævnte kirkelige handlinger. Alt dette blev udrettet ved denne ene hedning, alene i kraft af hans i dåben erhvervede berettigelse og hans tro, fordi der tidligere ingen fandtes særligt kaldede til at varetage gerningen.

Derfor gælder det, kære herrer, ene og alene om, at I udruster jer med en urokkelig klippefast tro. For vil I virkelig fremme jeres lands tarv, da fordres dertil især en frimodig og moden tro. Vi skriver da heller ikke alt dette for andre end for de troende, for kun de kan have forstand på disse ting. De vantro derimod kan ikke have mindste gavn af det, lige meget enten de har biskopper eller ikke. De, der ikke lade sig overbevise af så klare skriftsteder og eksempler, er hverken kristne eller udgør nogen menighed. Derimod finder de disse dumme narrestreger, som kronragning smørelse og præstekjoler, at være fuldkommen i orden, skønt dette hverken har hjemmel i Skriften eller ved eksempler. Det er alene fordi det er gammel vedtægt og har mængdens bifald. Men en from kristen må lukke øjnene for alt ydre og tilfældigt, og alene se på Guds klare ord, og skal så i troen holde urokkelig fast ved, at han magter og kan opnå alt, hvad han véd, der er forjættet i Guds Ord.

Ja, siger de vel så, dette er jo noget splinternyt, som ingen nogensinde har vovet på før, sådan at vælge og beskikke biskopper. Hertil svarer jeg kun, at det er en ældgammel betragtning af sagen, som er stadfæstet ved apostlenes og deres disciples eksempler, skønt denne skik rigtignok er blevet afskaffet og ophævet ved papisternes sorte kunster og forbistrede lære. Derfor skal man fra vor side være desto, ivrigere i at arbejde på at udrydde det nye forpestede uvæsen, og på at optage og følge den gamle kirkeslik og orden i Guds hus igen. Og selv om det virkelig var noget splinternyt, så burde man ikke lade sig afskrække af nyheden, men alene lade det velsignede ord råde og regere, fordi Guds Ord i denne henseende er uimodsigeligt og klart, og indeholder tilstrækkelig fuldmagt og udtrykkelig befaling. Især når sjælenes tarv nødvendigt kræver et sådant skridt. Men sig mig nu lige først, om ikke alt, hvad der angår troen, i grunden er noget nyt? Var dette embede ikke noget nyt på apostlenes tid? Var det ikke noget nyt, dengang da Abraham ofrede sin søn? Var det ikke noget nyt, dengang da

Israel gik igennem Det Røde Hav? Er det ikke også for mig noget nyt, at jeg gennem døden skal indgå til livet? Men i alle disse tilfalde skal man udelukkende holde øjnene fæstet på Guds Ord, og ikke på nyheden, for bliver man forarget over dette, må man til sidst opgive troen på ethvert af Guds Ord.

Derfor, kære brødre! tro alene Guds Ord, så bliver I ikke forargede over nyheden, og tager alene hensyn til jeres egen erfaring. Hvis nyheden skulle volde betænkeligheder, hvorfor tog I da ikke dette under overvejelse, da I bøhmere alene rejste jer mod paven og dristigt vovede alt for Johan Hus' skyld? Var det måske ikke også noget nyt, som ingen tidligere havde prøvet på? Ja, lige til denne dag har I hele verden imod jer og dog vovede I dengang skridtet, skønt I ikke havde Skriften så uimodsigeligt på jeres side som i dette stykke. Havde I dengang mod til at forfølge, hævde og forsvare jeres ret, der var frataget og næsten ganske nægtet jer, og det skønt sjælenøden dengang ikke var nær så gruelig som nu, hvorfor vil I da ikke forfølge, hævde og forsvare jeres ret i dette tilfælde? På den ene side er det jo en afgjort sag, at I står bevæbnede til tænderne med skold og værge fra Davids våbenlager, ligesom der også er stor sjælenød forhånden, og det skændige og forsmædelige fangenskab gør et sådant skridt nødvendigt. På den anden side må den ubundne frihed tilskynde og opmuntre jer, da lejligheden for øjeblikket er god, og udsigten til at nå målet meget lovende. Alt hvad der ved første øjekast synes nyt og revolutionært, vil med tiden udjævne sig af sig selv, langt lettere end jeres affald fra det papistiske tyranni tidligere har kunnet. Det gælder kun om, at I dristigt vover det i Herrens navn, så vil Gud være med jer.

Konkret anvisning

Sådan skal I da gribe sagen an: Først og fremmest skal I anråbe Gud i jeres bønner, både hjemme i husene og i menighedens forsamling, og ellers enhver i sit stille sind. For det er ganske bestemt et vigtigt skridt, ikke så meget fordi det er noget usædvanligt, som fordi det er et kæmpeskridt. Derfor vil jeg, at I hverken forlader jer på egen kraft eller kløgt i dette stykke, men i ydmyghed begynder sagen med frygt og bæven, med dyb beklagelse og oprigtig bekendelse af, at I selv har styrtet jer i denne elendighed og trældom ved jeres egne synder. Træd således frem med sønderknuste hjerter for Guds nådestol og barmhjertigheds trone, som er Jesus Kristus, vore sjæles biskop. Bed ham inderligt om, at han vil sende sin Ånd i jeres hjerter, for at han kan arbejde med jer, eller rettere sagt virke i jer både at ville og at udrette! For skal denne sag begynde med held og ende saligt, er det nødvendigt, at Guds kraft arbejder med jer. Og den kan alene Gud skænke jer, som Peter vidner.

Når I nu således har bedt, skal I fuldt og fast tro, at ham, som I har anråbt, er trofast og vil stå ved sit ord, så han giver jer når I begærer, lukker op for jer, når I banker på, og lader sig finde af jer, når I søger ham. Så kan I vide for vist, at det ikke er jer, som driver værket, men at I meget mere selv bliver drevet dertil. Når I da nu enten på opfordring eller uden opfordring er blevet forsamlede med alle dem, hvis hjerter Gud har rørt til at have endrægtigt brodersamfund med jer, så skal I stride frem i sagen på følgende måde i Herrens navn: I skal frit vælge dem af jeres midte, som I anser for værdige og duelige til embedsgerningen. Derpå skal de ældste blandt jer lægge hænderne på dem, og på denne måde stadfæste dem i embedet og overgive dem til menigheden. Kun på denne måde skal I skaffe jer hyrder og biskopper. Men hvordan de bør være, som menigheden skal vælge, lærer Paulus os tilstrækkelig i Tit 1, 5-9 og 1 Tim 3, 1-13.

Hvad selve valghandlingen angår, da ser jeg det ikke nødvendigt, at der straks forhandles om det på Bøhmens almindelige landdag. Enhver by kan jo anstille valg for sit eget vedkommende, og den ene by tage den andens til mønster; men på landdagen skal man rådslå om hele landet vil følge denne kirkeskik eller ikke, eller om en del vil antage den straks eller opsætte den indtil videre, eller om man slet ikke vil indlade sig på det. *Til troen kan nemlig ingen tvinges*, men man skal *give Helligånden rum* og vise ham den ære, at lade ham virke, hvor han vil. Det er heller ikke at vente, at alle skal synes godt om denne kirkeorden, navnlig da den kommer bag på dem. I skal heller ikke tage jer det nær, hvis I ikke kan opnå fuldkommen enighed i det stykke. Ja, jo større modstand I finder, desto mere må I derved tilskyndes til nidkærhed i denne sag. For det første er det nok, når kun nogle få giver de andre eksemplet, at de så senere, efter at skikken er indført, kan drage flere efter sig. Men vil Gud give lykke til, at flere byer på denne måde valgte deres biskopper, så måtte biskopperne senere træde sammen og ville vel let enes om at vælge én eller flere af deres midte til at være deres overhoveder, det vil sige til at betjene og besøge de andre. Sådan læser vi jo i Apostlenes Gerninger, at Peter besøgte menighederne. Til sidst kunne da hele Bøhmen på denne måde nå at blive et ægte evangelisk ærkebispedømme, hvis overhoved var rig, ikke på gods og guld, på folk og land, men på forskellige nådegaver, og flittig besøgte menighederne.

Men er I endnu for skrøbelige i troen til at turde indføre denne frie og apostolske måde at beskikke præster på, nu vel, så vil vi endnu i nogen tid bære over med jeres skrøbelighed, og give jer lov til at beholde dem, som papisterne har indviet til jer, som til eksempel jeres Gallus og hans lige, hvis forvaltning I langt bør foretrække for de papistiske biskoppers. Men lad så disse mænd kalde beskikke og indsætte, dem, de anser for duelige til læreembedet, når blot I kan tolerere dem, alt i overensstemmelse med den her givne anvisning og Paulus' lære. En biskop vil nemlig ifølge Paulus' sige en mand, som Ordets tjeneste er betroet, og i denne forstand er jeres Gallus altså *en ægte biskop, skønt han mangler stav og hue og det øvrige biskoppelige flitterstads*, hvormed man kun har villet trække folks øjne til sig og give befolkningen noget at glo på. Se denne indrømmelse gør vi jer, så længe til I bliver mere modne og stærke, og får ret forstand på, hvori Ordets kraft består. *Derimod må jeg straks på det bestemteste fraråde jer, på nogen som helst betingelse at modtage og anerkende den papistiske indvielse*, og dem som er mærket med den. Den er nemlig af den beskaffenhed, at den ikke kan antages uden synd og vantro, og uden største fare for sjælene.

Men skulle I blive fristet af tvivl og ængstet af den tanke, at I måske slet ikke er nogen menighed eller kan regne jer til Guds folk, da lyder mit svar sådan: Kirken kendes ikke på ydre skikke, men alene Guds

Ord. Som Paulus siger i 1 Kor 14, 24-25: "Hvis alle taler profetisk, og der kommer en ikke-troende ind, vil han falde på sit ansigt og udbryde: Gud er virkelig hos jer." Og nu står det jo fast, at Guds Ord og Kristi kundskab bor rigeligt iblandt jer. Hvordan det end så for resten går, så kan Guds Ord ikke være ufrugtbart, hvor svagt man så end sporet frugten i den ydre livsførelse. Selv om menigheden er skrøbelig hvad synden angår, er den det dog ikke over for Ordet. Vel synder man, men man fornægter ikke Ordet, men holder fast ved det. Derfor må man ikke forstøde dem, der anerkender og bekender Ordet, skønt de ikke kan prange og prale med vidunderlig hellighed, når de blot ikke føre et lastefuldt liv i åbenlyse laster. Var der derfor end kun ti eller seks iblandt jer, som holdt fast ved Ordet, så måtte I dog ikke tvivle på, at kirken findes iblandt jer. Alt, hvad disse få besluttede i denne sag, med eller uden de andres samtykke, som endnu ikke har tilegnet sig Ordet, det skal man ligeud betragte som en Guds gerning, når kun værket drives i ydmyghed og under bøn, som før nævnt.

Men til sidst kan jeg ikke skjule min frygt for, at den allerstørste vanskelighed og hindring for denne plans udførelse vil blive *korset*, der lige så vel må følge på denne, som på *enhver anden sag, der er af Gud*. For Satan sover ikke og han ser meget godt, hvad vi har til hensigt og tilsigter med dette skridt. Derfor vil han heller ikke lægge hænderne i skødet eller forsømme nogen lejlighed, men sætte sig drabeligt til modværge. Han er denne verdens fyrste, og mærker vore hensigter, ligesom omvendt vi også kender hans planer. Det kors, jeg sigter til, er det, at denne verdens magthavere og hedningernes ledere med deres verdslige love ikke ville tillade sagens fremme. Ja, de vil komme jer i forkøbet med deres forbud, inden I endnu har taget nogen afgørende beslutning. Det er nemlig et udslag af han gerning, der ikke blot er denne verdens fyrste, men dens Gud, og som virker i de vantros hjerter. Det er derfor helt udelukket, at I kan iværksætte denne sag under ydre fred og ro. Derfor må I forberede jer på den stærkeste modstand og så farlige storme, at det for jeres øjne vil komme til at se ud, som blev det lille kirkeskib overskyllet sådan af bølgerne, at det må synke til havets bund.

Hvad anden trøst kan jeg i denne henseende give jer, end dette ord af Peter: "Man bør adlyde Gud mere end mennesker." (ApG 5, 29). For når I ved, at I har gang en hellig sag, der er Gud velbehagelig, som tilfældet er her, så skal I holde stand på klippen, og kækt foragte vind og vove, som rejser sig mod jer for at skræmme jer. Lad skybruddet kun komme, og fasthold midt under uvejret, at fred og hvile, gunst og ære, skal falde i deres lod, der er besluttede på at følge Guds velbehagelige vilje. Kristus har ingenlunde kastet en brand ind i verden og opægget den grusomme Behemot, fordi han har ondt i sinde imod jer, som Job tænkte. Han vil derimod oplære og optugte os til at forstå, at udfaldet ikke beror på vore egne, såre svage, kræfter, men på Guds vældige arm, så vi ikke skal give os selv æren, eller på anden måde forsynde os mod Guds nåde. Vi skal ganske og aldeles fortvivle om vor egen dygtighed, og som Skriften ofte formaner os, sidde stille og lade ham kæmpe for os, så han under vor skrøbelighed kan knuse enhver magt og modstand. Mens vi sidder stille, skal han kue stormen og havets bølger, som der står skrevet: "Er I rolige og trygge, finder I styrke." (Es 30, 15). Og: "Gudsfrygt er det stærkeste af alt." (Visd 10, 12).

Ja, hvad der allermest må tilskynde jer til at fremme sagen med nidkærhed, er når I ser, at fyrster og magthavere yder jer modstand. Det må være jer et sikkert bevis og bekræftelse på, at den sag, I har begyndt, er af Gud og at Gud, hvis Ord I ejer, er med jer. Var denne sag af denne verden, ville verden ikke blot tillade, men elske sit eget. Men nu, da den ikke er af denne verden, og Gud selv gennem sit Ord har lagt os den på hjerte, så vil verden, langt fra billige den. Tværtimod vil den hade og forfølge den. Men vær ved godt mod, han, som er i jer, er større end han, som er i verden og har overvundet verden! Ja, ser det endog ud, som skulle det hele gå til grunde under frygtelige storme og indre strid, så de vantro begynder at blive bange for, at himlen skal falde ned, da er det os lige meget. Vor klippe skælver ikke for lyn og tordenbrag, og skræmmes vi ikke ved vindens hylen og vejrets raseri, men ser det med en god og frejdig samvittighed, og håber troligt på godt vejr.

Frygt derfor ikke, o Juda og Jerusalem! men står fast, da skal I komme til at erfare Guds nådige bistand. Læg frimodigt hånd på værket, Gud vil selv arbejde med jer! Det er jo ingenlunde noget nyt, at denne verdens fyrste fnyser og raser sådan, når det gælder for ham om at beholde sit rige. Hvad skulle han ellers gribe til? Han vil naturligvis helst beholde sin trone i fred. Når han ser, at det ikke lader sig gøre, spiller han sin sidste trumf ud, det vil sige, raser så vildt og afsindigt, som han formår. Han farer omkring som en brølende løve, og søger at opsluge, hvem han kan. Da Gud nu til vor advarsel har fremstillet ham for os under dette billede, hvorfor vil vi da indbilde os selv, at han nu farer lempeligere frem? Hvorfor skulle vi da ikke iføre os troens fulde rustning, for at gøre ham modstand? Stå derfor fast, kære herrer! Og kæmp modigt! Grib Åndens sejrende og almægtige sværd, som er Guds Ord. Enten må man med urokkelig tro gøre et modigt angreb, eller også må man blive hjemme og søge skjul.

"Kampen står ikke mod kød og blod, men mod ondskabens åndemagter i himmelrummet." (Ef 6, 12).

Tilskyndet af den hårde nød, har jeg nu talt i al enfoldighed om den rette måde at udnævne kirkens tjenere på. Jeg er godt tilfreds, når jeg blot derved har foranlediget, at dygtigere og mere indsigtsfulde folk tager sagen under overvejelse og udtaler sig om det. For vi er ikke alle lige skikket til enhver gerning. Nådegaverne er mangfoldige og forskelligt fordelt, men vor Herre er den samme. Og han virker ikke i en enkelt, men i os alle, ikke som det behager os, men som det behager ham. Med tiden vil enten andre, eller måske jeg selv, vise, hvordan gudstjenesten med alle dertil hørende kirkelige handlinger fra grunden af bør reformeres, skønt enhver af kirkens tjenere meget godt kan råde sig selv i dette stykke, vejledet af den guddommelige salvelse, når han blot er kaldet i overensstemmelse med evangeliet. For øjeblikket er det hovedsagen, at vi først og fremmest under bøn og påkaldelse af Gud opnår at få rette Ordets tjenere, at vi dog, inden vi lukker vore øjne, måtte værdiges dette frydefulde syn. Amen!

Om luskepeterne og de hemmelige prædikanter

Forord

Gendøberne søgte også i de evangelisk-lutherske menigheder at udbrede sin falske og oprørske lære. De sneg sig hemmeligt til høstarbejderne, til kulbrænderne i skovene og søgte overalt ved sine prædikener at drage folk bort fra deres sognekirke. Mod dem er dette skrift rettet, som udkom i oktober 1532 og var tilegnet amtmand Eberhard von der Tannen.

Luther erklærer gendøberne for djævlebud, fordi de kommer snigende hemmeligt uden kald. Og han lærer, at man skal spørge dem efter deres kald og fly dem som djævlebud, hvis de ikke kan bevise dette. Tillige havde også øvrigheden den pligt at skride ind imod dem, da de prædikede oprør. Idet han derpå overhovedet påviser nødvendigheden af et ordentligt kald til prædikeembedet, giver han den rette fortolkning af 1 Kor 14, 30, som de påberåbte sig.

Originaltitel "Ein Brief D.M. Luthers von den Schleichern und Winkelpredigern." WA 30 III, 518-27

Martin Luthers brev

Til den strenge og mægtige Eberhard von der Tannen, amtmand i Wartburg, min gunstige herre og ven, nåde og fred i Kristus, vor Herre og frelser. Amen.

Jeg har hørt, min kære herre og ven, hvordan gendøberne også på jeres kanter gerne vil snige sig ind og fordærve vore folk med sin gift. For vel ved jeg, at I af hr. Justus Menius' bog er tilstrækkelig undervist og formanet, og at I også redeligt og rosværdigt udøver jeres embede i dette stykke imod disse djævlebude; men fordi Djævelen ikke gerne holder op, og der er mange, som, når de engang have kigget igennem en bog, straks kaste den hen i en krog og glemmer alt, hvortil den har formanet dem, så at de vel behøvede en daglig påminder, som uafladelig kunne formane dem, så har jeg, for at vi dog kunne gøre vort, med dette brev til jer, til alle andre embedsmænd, stæder og herrer på ny villet bede og formane til at hindre sådanne listepinde.

Og for det første kan man let og uden vanskelighed fange dem dermed, at man *spørger dem om deres kaldelse.* Hvem der har befalet dem at komme således snigende og prædike i krogene. For da kan de ikke give noget svar eller vise sin befaling. Og jeg siger i sandhed, om sådanne listepinde ellers ikke havde noget ondt ved sig og var idel helgener, så kan dog dette ene stykke, (at de kommer snigende uden befaling og uopfordrede) mægtigt overbevise dem om, at de er Djævelens bude og lærere. For Helligånden sniger sig ikke frem, men flyver åbenlyst ned fra himlen. Slangerne sniger sig, men duerne flyver. Derfor er dette listeri Djævelens rette gang, det slår aldrig fejl.

Jeg har hørt sige, hvordan listepindene kan indfinde sig hos arbejderne ved høsten og prædike på marken unter arbejdet, således også hos kulbrænderne og ensomme folk i skovene, og overalt sår sin sæd, udblæser gift og drager folk bort fra deres sognekirker. Her kan man dog se Djævelens rette gang og greb, hvordan han skyr lyset og lister sig om i mørket som en mus. Hvem er så rå, at han ikke her skulle kunne mærke, at det er rette djævlebude? Hvis de var fra Gud og retskafne, så ville de allerførst indfinde sig hos sognepræsten og tale med ham, vise sit kald og fortælle, hvad deres tro var, og spørge, om han ville tillade dem at prædike offentlig. Ville præsten da ikke tillade dem det, så var de undskyldt for Gud og kunne da ryste støvet af sine fødder, osv. For sognepræsten har jo prædikestolen, dåben og nadveren, og al sjælesorg er ham befalet. Men nu vil de hemmelig drive sognepræsten ud med al hans befaling og dog ikke vise sin egen hemmelige befaling. Det er rette sjæletyve og mordere, Kristi og hans kirkes bespottere og fjender.

Her er nu i sandhed intet andet råd, end at begge embeder, det gejstlige og verdslige, skrider ind med al flid. Det gejstlige må i sandhed altid og med flid undervise folket, indprente det disse ovennævnte stykker, så at de ikke giver nogen listepind adgang til sig, men sikkert erkender dem for djævlebude og lærer at spørge dem: Hvorfra kommet du? Hvem har sendt dig? Hvem har befalet dig at prædike for mig? Hvor har du segl og breve på, at du er sendt af mennesker? Hvor er dine undere til tegn på, at Gud har sendt dig. Hvorfor går du ikke til vor sognepræst? Hvorfor sniger du dig så hemmelig til mig og kryber om i krogene? Hvorfor optræder du ikke offentlig? Hvis du er et lysets barn, hvorfor skyr du lyset?

Med sådanne spørgsmål (tænker jeg) skulle man let hindre dem, for de kan ikke bevise sit kald. Og hvis vi kunne bringe folk til en sådan forstand på kaldet, kunne man godt holde disse listepinde i tømme. Fremdeles skal man også altid undervise og formane dem til at melde sådanne listepinde for sognepræsten, som de også er skyldige at gøre, hvis de ville være kristne og blive salige. For hvis de ikke gør det, da hjælper de djævlebuddet og listepinden til hemmelig at stjæle fra sognepræsten (ja fra Gud selv) hans prædikeembede, dåb, nadver og sjælesorg, ja hans sognebørn, og til således at ødelægge og tilintetgøre *sognekaldet, som Gud har indrettet.*

Når de hørte sådan formaning og vidste, at det forholdt sig således med kaldet, så ville nogle fromme hjerter sikkert underrette sognepræsten om sådanne hemmelige prædikanter og lurere. For som sagt, med kaldet kan man gøre Djævelen bange, når man bestemt forlanger det. En sognepræst kan dog rose sig af, at han offentlig og med rette har prædikeembedet, dåben, nadveren og sjælesorgen, og at man hos ham skal søge og vente det. Men de fremmede listepinde og lurere kan ikke rose sig heraf og må bekende, at de kommer som fremmede og griber og falder ind i et fremmed embede. Det kan dog ikke være Helligånden, men må være den lede Djævel.

Det verdslige embede må også påse dette. For da disse listepinde er Djævelens bude til at prædike idel gift og løgn, og da Djævelen ikke alene er en løgner, men også en morder, så kan det ikke fejle, at han jo har i sinde ved disse sine bude også at stifte oprør og mord (skønt han en tid lang afholder sig fra dette og anstiller sig fredelig), og at han således, Gud til trods, tænker på at omstøde både gejstlig og verdslig regering. Han kan ikke gøre anderledes, for det er hans vis at lyve og myrde. Og på samme måde kan de, som hører ham til og er besat af ham, ikke være herrer over sig selv, men må fare frem, som han driver dem.

Således skulle nu rettelig embedsmænd, dommere, og hvem det påligger at regere, vide og være visse på, at de må holde sådanne listepinde mistænkt ikke blot for falsk lære, men også for mord og oprør, fordi de véd, at disse folk rides af Djævelen. De skulle derfor også ved sine tjenere lade undersåtterne forsamle for at forkynde dem dette og advare dem mod disse skælme samt på det alvorligste under stor straf befale, at enhver undersåt skal melde sådanne listepinde. Det er undersåtterne også skyldige at gøre, hvis de ikke selv vil blive medskyldige i alt det mord og oprør, som Djævelen har i sinde.

Og således skulle de også, ligesom det gejstlige embede, bestemt forlange kaldet og spørge listepinden eller hans vært: Hvorfra kommer du? Hvem har sendt dig, osv.? som ovenfor. Og ligeledes skal de spørge værten: Hvem har befalet dig at huse denne listepind og høre hans vinkelprædiken? Hvoraf ved du, at han har befaling til at lære dig, og du til at lære af ham? Hvorfor har du ikke underrettet sognepræsten eller os derom? Hvorfor forlader du din kirke, hvor du er døbt, undervist og har modtaget alterets nadver, og hvor du ifølge Guds orden hører til, og kryber bort i krogene? Hvorfor begynder du hemmelig og uden befaling på noget nyt? Hvem har givet dig magt til at splitte dette kirkesogn og til at oprette sekter iblandt os? Hvem har befalet dig at foragte, dømme og fordømme sognepræsten bag hans ryg, før han er forhørt eller anklaget? Hvorfra er du blevet en sådan dommer over din sognepræst, ja også din egen dommer?

For sådan udyd og meget mere begår enhver, som holder sig til listepindene, og det er rimeligt, at han tiltales derfor. Og jeg har godt håb om, at det ville gøre stor nytte, når øvrigheden var flittig heri, og at mange fromme folk ville vogte sig og hjælpe til at jage sådanne skælme bort, hvis de vidste, at der var så stor fare forbunden med snigeriet, og at der lå sådan magt på kaldelsen eller befalingen. Hvis man derimod ikke stod fast på og fordrede kaldet eller befalingen, ville ingen kirke til sidst blive tilbage nogetsteds. For ligesom listepindene komme iblandt os og vil splitte og lægge vore kirker øde, således vil herefter også andre listepinde komme i deres kirker og splitte og ødelægge dem, og derefter ville der aldrig blive nogen ende på snigeriet og splittelsen, den ene ville komme efter den anden. Der ville snart ikke blive noget tilbage af nogen kirke på jorden. Det ønsker og søger også Djævelen ved sådanne sektånder og listepinde.

Derfor hedder det således: enten bevis kaldet og befalingen til at prædike, eller kort og godt, ti stille! Og man skal forbyde prædikenen. For det hedder et embede, ja et prædikeembede. *Men et embede kan ingen have uden befaling og kald.* Derfor siger også Kristus i lignelsen i Luk 19,13, at husherren ikke gav sine tjenere pengene, som de skulle handle med, uden først at have kaldet dem og befalet dem at handle. "Han kaldte ti af sine tjenere til sig, gav dem ti pund og sagde: Arbejd med dem, indtil jeg kommer tilbage". Et sådant kald og en sådan befaling skal listepindene også bringe, eller han skal lade herrens penge i fred; for ellers vil han befindes at være en tyv og en skurk. Således gik heller ikke arbejderne ind i herrens vingård, Matt 20, før herren lejede dem og befalede dem at gå, men de stod ledige hele dagen, før de havde modtaget befalingen og kaldet.

Således siger også Gud om sådanne listepinde, Jer 23, 21: "Jeg har ikke sendt profeterne, alligevel farer de frem; jeg har ikke talt til dem, alligevel profeterer de." Det koster møje og arbejde nok, at de, som har sikkert kald og befaling af Gud selv eller gennem mennesker i Guds sted, kan prædike ret og blive ved den rette lære. Hvordan skulle det da gå med dem, som uden Guds befaling, ja imod Guds befaling og forbud prædiker, alene fordi Djævelen driver og ophidser dem? Heraf kan der dog ikke komme nogen anden prædiken end sådan, som den onde ånd indgiver, og det må være idel djævlelære, lad den end glimre, så meget den vil.

Hvem havde større og vissere kald end Aron, den første ypperstepræst? Alligevel faldt han i afguderi og lod jøderne lave den gyldne kalv, 2 Mos 32, 4, og derefter faldt hele det levitiske præstedømme for største delen ganske i afguderi og forfulgte endog Guds ord og alle sande profeter. Således var jo kong Salomo også kaldet og bekræftet herligt nok. Dog faldt han i sin alderdom og anrettede meget afguderi, 1 Kong 11, 4. Have biskopperne og paverne ikke en herlig kaldelse og befaling? Sidder de ikke på apostlenes stol og i Kristi sted? Dog er de alle sammen evangeliets værste fjender, så langt er det fra, at de skulle lære ret og bevare en sand gudstjeneste.

Hvis nu Djævelen kan bedrage de lærere, som Gud selv har kaldet, forordnet og indviet, så at de lærer falskt og forfølger sandheden, hvordan skulle han da lære noget godt og ikke meget mere idel djævelske løgne igennem de lærere, som han selv uden og imod Guds befaling driver og har indviet? Jeg har ofte sagt det og siger det endnu, jeg ville ikke tage al verdens gods for mit doktorat. For jeg måtte sandelig til sidst forsage og fortvivle i den store, vanskelige sag, som påligger mig, hvis jeg havde begyndt den som en listepind uden kald og befaling. Men nu må Gud og hele verden vidne for mig, at jeg har begyndt og med Guds nåde og hjælp hidindtil ført min sag offentlig i kraft af mit doktorembede og prædikeembede.

Vel foregiver nogle, at Paulus i 1 kor 14 har givet enhver frihed til at prædike i menigheden, ja til at gå imod den ordentlig indsatte prædikant, idet han i vers 30 siger: "Får en anden, som sidder der, en åbenbaring, skal den første tie stille". Derfor mener listepindene, at de har magt og ret til at dømme prædikanterne og prædike anderledes, i hvilken som helst kirke, de kommer. Men deri tage de stort fejl. Listepindene betragter ikke teksten ret, men tager ud af den og brygger ind i den, hvad de vil. Paulus taler på dette sted om de profeter, som skulle lære, og ikke om folket, som hører på. Men profeter er lærere, som har prædikeembedet i kirken. Hvorfor skulle en ellers hedde en profet? Så lad nu listepinden først bevise, at han er en profet eller lærer i den kirke, til hvilken han kommer, og hvem der har befalet ham dette embede dér, så skal man da efter Paulus' lære høre ham. Hvis han ikke beviser det, så lad ham løbe til Djævelen, som har sendt ham og befalet ham at røve et fremmed prædikeembede i en kirke, hvor han ikke engang hører hjemme som en tilhører eller discipel, langt mindre som en profet og mester.

Hvor dejligt ville det se ud, hvis enhver, medens sognepræsten prædiker, havde magt til at afbryde ham i talen og kævles med ham? Derefter skulle atter en anden afbryde dem begge og også byde den anden at tie, derefter måske en fyldebøtte kommer løbende ud af et værtshus og afbryde alle disse tre og byder den tredje også at tie, og til sidst ville kvinderne, som sidder der, også have sådan ret og byder mændene at tie, og så bestandig den ene kvinde den anden. O hvilken en skøn kirkefred, ja ret en høkerbod og markedsplads skulle der da blive! I hvilken svinesti skulle det ikke gå smukkere til end i en sådan kirke? Der måtte Djævelen være præst, og ikke jeg. Men de blinde listepinde betænker ikke dette og mener straks, at de alene er de, som sidder, og de ser ikke, at enhver iblandt de andre ligeså godt måtte have en sådan ret og kunne byde også dem at tie. De véd selv ikke, hvad sidder eller taler, hvad profet eller lægmand betyder på dette sted hos Paulus.

Hvem som vil, han læse hele kapitlet, så vil han klart finde, at Paulus der taler om at profetere, lære og prædike i menigheden eller kirken. Og at han ikke befaler menigheden at prædike, men taler om præsterne, som prædiker i menigheden eller forsamlingen. Ellers kunne han ikke forbyde kvinderne at prædike, fordi de også er en del af den kristne menighed. Og som teksten viser, så har det været således, at profeterne som de ordentlige sognepræster og prædikanter har siddet i kirken iblandt folket, og at en eller to har sunget eller læst teksten; ligesom endnu i vore dage i nogle kirker to plejede at synge evangeliet med hinanden på de store festdage.

Over denne tekst har da en iblandt profeterne, hvis tur det var, talt og givet en udlægning deraf, sådan som homilierne i den romerske kirke var. Når han havde talt til ende, kunne en anden sige noget til dette, bekræfte eller forklare det bedre; ligesom Jakob i ApG 15, 13 også gjorde med Peters tale, som han bekræftede og forklarede, og ligesom Paulus også gjorde i synagogerne, især i Antiokia i Pisidien, hvor Lukas siger, at skoleforstanderne efter lovens læsning også lod Paulus tale. Da stod Paulus op og talte, men som en udsendt apostel og desuden opfordret af synagogeforstanderen, og han gjorde det ikke som en listepind; så at det tydelig ses, at ordet "sidder" alene sigter til de kaldede profeter eller prædikanter. Den iblandt disse, som skulle tale, stod op eller blev siddende, som sagen var vigtig til.

Ligesom når en fyrste sidder i rådet med sine rådgivere eller en borgermester med sine rådmænd, hvor en træder op og holder sin tale og derefter en anden, og til sidst følger de endrægtigt den, som har givet det bedste råd, og således hjælper den ene den anden i at råde og det går smukt og sømmeligt til. På samme måde har profeterne været ligesom menighedens råd til at lære Skriften og til at styre og forsørge menigheden. Skulle man nu tåle, at en fremmed landstryger kom snigende, eller at en borger ukaldet trænger sig ind i rådet for at straffe eller mestre borgermesteren? Deraf ville ikke komme noget godt. Man måtte tage ham i nakken og overgive ham til politiet. De ville nok lære ham, hvor han skulle sidde, og lege sidderet med ham.

Meget mindre må man tåle, at en fremmed listepind trænger sig ind i et gejstligt råd, dvs., ind i prædikeembedet eller profeternes sæde, eller at en lægmand understår sig at prædike ukaldet i sin sognekirke. Det skal være og forblive profeterne befalet, de skal tage vare på læren og lære, den ene efter den anden, og altid trolig hjælpe hinanden, så at det sker sømmeligt og med orden, som Paulus siger i 1 Kor 14, 40. Men hvordan kan det ske sømmeligt eller med orden, når enhver griber ind i den andens embede, som ikke er ham befalet, og når enhver lægmand vil stå op i kirken og prædike?

Men da de er så vel lærte i ånden, undrer det mig, hvorfor de ikke anfører de eksempler, hvor der tales om, at også kvinder har profeteret, og at de derved have regeret mændene, ja, land og folk f.eks. Debora i Dommerbogen 4, som slog kong Jabin og Sisera og regerede Israel. Profetinden i Abel, som levede på Davids tid, 2 Sam 20, og profetinden Hulda på Josias' tid, 2 Kong 22, og længe for disse Sara, som lærer sin herre og mand Abraham, at han skulle udstøde Ismael tillige med moderen Hagar, og Gud befalede Abraham, at han skulle lyde hende, 1 Mos 21, og flere sådanne, såsom enken Hanna i Luk 2, og Jomfru Maria Luk 2, osv. Her kunne de få noget at smykke sig med, ja vel endog grund til at give kvinderne magt til at prædike i kirken. Hvor meget mere ville da mændene ifølge disse eksempler have magt til at prædike, hvor og når de ville.

Imidlertid lader vi det nu stå hen, hvad for en ret disse kvinder i Det Gamle Testamente har haft til at lære og regere. De har visselig ikke gjort det ukaldet som listepindende eller af egen andagt og begæring; ellers havde Gud ikke bekræftet deres embede og foretagende med undere og store gerninger. Men *i Det Nye Testamente forordner Helligånden ved Paulus, at kvinderne skal tie i kirken eller menigheden.* Han siger, at det er Herrens befaling, 1 Kor 14, 34. Og dog vidste han godt, at Joel havde forkyndt forud, at Gud ville udgyde sin Ånd også over sine tjenestekvinder, og desuden havde han set Filips fire døtre profetere, ApG 21, 9. Men i menigheden eller kirken, hvor prædikeembedet er, skal de tie og ikke prædike. *For øvrigt kan de godt bede, synge, love Gud og sige amen. Hjemme kan de læse, undervise, formane og trøste hinanden indbyrdes og udlægge Skriften, så godt de kan.*

Kort sagt, Paulus vil ikke tåle den formastelse og frækhed, at en griber ind i et fremmed embede; men enhver skal give agt på det, som er ham befalet, og på sit kald og røgte det og lade en andens kald uhindret og i fred. For øvrigt kan han være klog, lære, synge, læse, formane, hvor han har ret og tilladelse dertil, indtil han får nok og bliver mæt af det. Vil Gud uden for og over denne embedernes og kaldets orden gøre noget særligt og opvække en over profeterne, så vil han bevise det ved tegn og undergerninger; ligesom han lod æslet tale og straffe profeten Bileam, dens herre, 4 Mos 22, 28. Hvor Gud ikke gør det, skal vi holde os til og lade det blive ved de oprettede embeder og den givne befaling. Lærer de ikke ret, hvad kommer det dig ved? Du behøver dog ikke at aflægge regnskab derfor.

Derfor anfører Paulus også ofte ordet "menighed" i dette kapitel, hvorved han gør en tydelig forskel på profeterne og på folket. Profeterne taler, menigheden hører på. For således siger han i 1 Kor 14, 4: "Den, der taler profetisk, opbygger menigheden." Og atter i vers 12: "Søg at blive rige på gaver, som tjener til at opbygge menigheden." Hvem er nu her de, som skal opbygge menigheden? Er det ikke profeterne og (som han kalder dem) dem, som tale med tunger, dvs. læse eller synge teksten, medens menigheden hører på? Ja, profeterne, som skal udlægge teksten til menighedens opbyggelse? Dette er jo klart nok, at han her befaler menigheden at høre og opbygges og ikke at lære eller føre prædikeembedet. Derfor gør han endnu en klarere forskel og kalder menigheden for lægfolk og siger i vers 16-17: "For når du lovpriser med ånden, hvordan skal så den, der ikke er fortrolig hermed, kunne sige amen til din takkebøn? Han forstår jo ikke, hvad du siger. Nok er din takkebøn god, men den anden opbygges ikke." Her er atter opstillet en forskel mellem prædikanten og lægmanden. Men hvorfor er det nødvendigt at sige mere herom? Teksten står der, og selv fornuften lærer, at man ikke skal gøre indgreb i noget fremmed embede.

For således siger Paulus i vers 29: "To eller tre kan tale profetisk, og de andre skal bedømme, hvad de siger." Dette er jo ikke sagt om andre end om profeterne, af hvilke en eller to skulle tale, og de andre skulle bedømme det. Hvad forstås her ved andre? Skal dermed forstås folket? Aldeles ikke; men derunder må forstås de andre profeter eller fortolkere, som skulle hjælpe til at prædike i kirken og til at opbygge menigheden. De skulle bedømme og hjælpe til at påse, at der prædikes rettelig. Og hvis det skete, at en iblandt profeterne eller prædikanterne udfandt det, som var det bedste, så skal den første lade sig vise til rette og sige: Ja, du har ret, jeg har ikke forstået det så godt. Ligesom det sker ved bordet eller i andre sager, at en giver den anden ret (også i verdslige sager), således skal også den ene meget mere vige for den anden i denne sag.

Heraf ser man, hvor smukt og godt listepindene har betragtet Paulus' ord, hvormed de mener at kunne bevise, at de i alle kirker er dem, som sidder, dvs. at de har ret til at angribe, dømme og forhåne alle prædikanter i hele kristenheden og til at kalde og gøre sig selv til dommere over fremmede prædikestole. Det kan man kalde rette tyve og mordere, som med formastelse og vold griber ind i et fremmed embede, og imod hvilke Peter lærer i 1 Pet 4, 15: "Ingen af jer må lide som morder eller tyv eller forbryder eller for at gå andres ret for nær."

Skønt sådan skik er kommet af brug, at profeterne eller prædikanterne sidder således i kirken og taler efter hinanden, som Paulus her siger, så er dog et lille mærke og spor deraf blevet tilbage, nemlig at man synger vekselvis i kor og læser hver sit stykke og derpå sammen synger en antifoni, hymne eller responsorium. Og når en prædikant oversætter, hvad en anden har læst, og en anden udlægger det eller prædiker derover, så ville det just være den rette måde at lære på i kirken, som Paulus her nævner. For her sang eller læste en med tunger, en anden profeterede eller oversatte det, og en tredje udlagde det, og atter en anden bekræftede eller forklarede det bedre med bibelsprog og eksempler, som Jakob gjorde i ApG 15 og Paulus i ApG 13. Og det var jo bedre, end at man blot læser eller synger et stykke af Skriften på det latinske, ukendte sprog, ligesom nonnerne gør med Salmerne, skønt Paulus ikke fordømmer denne sag i og for sig selv, at man således taler med tunger; men i kirken hverken roser eller befaler han dette, når udlæggelsen ikke følger med.

Men hvis sådan skik nu atter skulle oprettes, og prædikestolene afskaffes, *så ville jeg ikke råde til det, men hjælpe til at afværge det.* For folk er nu for vilde og for selvkloge, og en djævel kunne let blande sig ind mellem sognepræst, prædikant og kapellan, så at den ene ville være over den anden, og de således ville komme til at trætte og bide hinanden for folkets øjne, og enhver selv ville være den bedste. Derfor er det bedre at beholde prædikestolen; for da går det dog, som Paulus her lærer, sømmeligt til. Og det er nok, at præsterne i et sogn prædike hver sin dag, og hvis de vil, hver på sit sted, og at en om eftermiddagen eller om formiddagen udlægger, hvad den anden har sunget og læst til froprædiken eller højmesse, ligesom det her og der sker med evangeliet og epistlen. For Paulus driver ikke så hårdt på, at man netop skal holde sådan skik; men det driver han på, at det skal gå til med orden og sømmeligt, og anfører denne skik til eksempel herpå. Fordi nu vor skik med prædiken hos vores uregerlige folk er ordentligere end den, skal vi beholde vores.

På apostlenes tider var det godt at holde denne måde, at profeterne sad; for det var en gammel, daglig, almindelig skik og brug blandt et godt opdraget folk. Den var nedarvet fra det levitiske præstedømme og overholdt fra Moses' tid, men den kunne nu ikke godt indføres blandt sådanne vilde, uopdragne, frække folk.

Dette være nok sagt om disse ord af Paulus. Og kort sagt, listepindende og vinkelprædikanterne er Djævelens apostle, over hvilke Paulus overalt klager, hvordan de løber om i husene og forvender folk, lærer altid og véd dog ikke, hvad de siger, eller hvad de påstår, 2 Tim 3, 1. Derfor være det gejstlige embede advaret og formanet, det verdslige embede være advaret og formanet, alle, som skal være kristne og undersåtter, være advarede, at man vogter sig for dem og ikke hører dem. Eller den, som tåler og hører dem, skal vide, at han hører den lede Djævel selv livagtigt og ganske således, som han taler ud af et besat menneske. Jeg har gjort mit og også talt derom i forklaringen til Salme 82. Jeg er undskyldt. Enhvers blod, som ikke følger et godt og trofast råd, komme over hans eget hoved. Jeg befaler hermed, min kære herre og ven, jer og dem, som hører jer til, til Guds nåde og barmhjertighed. Ham være lov og tak, ære og pris i evighed i Kristus Jesus, vor Herre og frelser. Amen.

Den Store Lutherserie

Kristi nadverord står fast
Salme 51
Opstandelsen – 1 Kor 15
De Lutherske Bekendelsesskrifter
Vejledning for menighederne
Huspostillen
Bjergprædikenen
Teologiens Grundbegreber
Første Mosebog bind 1
Første Mosebog bind 2
Første Mosebog bind 3
Første Mosebog bind 4
Om den hellige dåb
Fortalerne til Bibelen
At bede enkelt
Nådens Nøgler
Sang og Musik
Udvalgte Breve
Festpostillen
Gud vil alles frelse
Peters Første Brev
Kirkepostillen – Vinterdelen
Kirkepostillen – Sommerdelen
Troen Alene
Johannes 17 – Om Kristi Bøn
Privatmesser og præstevielse
Den sande kirke og den falske kirke
Luther-Leksikon
Den Store Katekismus
Den Lille Katekismus
De overåndelige sværmere
Johannes 1

Se også: Sandhed til Gudfrygtighed

(Se: lutherdansk.dk)